新丝路华文系列教材编委会

总 主 编：郭 熙 邵 宜

编 审：童盛强 蔡 丽 喻 江 文 雁 林奕高

编委会委员：郭 熙 邵 宜 曾毅平 莫海斌 张 礼 杨万兵

新丝路华文系列教材

总主编 郭熙 邵宜

华文教育
Chinese Education

主编 梅丽

编者 梅丽 王洁 李倩

初级华文

第二册

暨南大学华文学院精品教材

暨南大学出版社
JINAN UNIVERSITY PRESS

中国·广州

图书在版编目（CIP）数据

初级华文．第二册/郭熙，邵宜总主编．—广州：暨南大学出版社，2018.8
（新丝路华文系列教材）
ISBN 978 - 7 - 5668 - 2336 - 6

Ⅰ．①初…　Ⅱ．①郭…②邵…　Ⅲ．①汉语—对外汉语教学—教材　Ⅳ．①H195.4

中国版本图书馆 CIP 数据核字（2018）第 046978 号

初级华文（第二册）
CHUJI HUAWEN（DIERCE）
总主编：郭　熙　邵　宜

- -

出　版　人：徐义雄
项目统筹：晏礼庆
策划编辑：杜小陆
责任编辑：黄志波　刘　晶
责任校对：苏　洁
责任印制：汤慧君　周一丹

出版发行：暨南大学出版社（510630）
电　　话：总编室（8620）85221601
　　　　　营销部（8620）85225284　85228291　85228292（邮购）
传　　真：（8620）85221583（办公室）　85223774（营销部）
网　　址：http：//www. jnupress.com
排　　版：广州市天河星辰文化发展部照排中心
印　　刷：广州市快美印务有限公司
开　　本：889mm×1194mm　1/16
印　　张：8.5
字　　数：140 千
版　　次：2018 年 8 月第 1 版
印　　次：2018 年 8 月第 1 次
定　　价：46.00 元

《初级华文》（第一至四册）编写说明

　　《初级华文》是为来华学习的华裔留学生编写的综合课主干教材。教材突出"华文"特色，在教授学生华语的同时，向他们展示当代中国国情和社会生活，使其感受中国的文化观念、发展变化与风土人情。

　　《初级华文》共六册，其中第一至四册以"话题—功能—文化—语法"为纲，话题的选择主要围绕中华文化，同时注重语言技能训练。作为基础阶段的华文教材，编者淡化语法知识讲解，注重语言能力的提高和华人文化意识的培养。

一、编写原则

1. 针对性

　　教材在内容的选取上充分考虑华裔学生的特点和需求，追求高效率的语言教学，让华裔学生充分发挥学习华文的潜力。教材体现了华人学华文的特点，不依赖媒介语进行教学，而是用中文注释。

2. 科学性

　　教材语料真实、规范，根据华语语言特点、难易度以及传承语习得规律编排教学内容和语言点。核心字词要求认写识用，非核心字词要求认读。

3. 实用性

　　教材内容紧扣学生的学习生活以及较为常见的社会交往活动和工作，听说读写并重。

4. 趣味性

　　教材力求做到课文内容生动有趣，练习设计形式多样，富有趣味性。

二、教材体例

《初级华文》第一至二册 15 课，第三至四册各 12 课，建议每册教学时间为一个学期（16 个教学周，每周 8～10 学时）。

第一至四册主教材中，除第一册的"预备单元"外，每课均包含"课前热身"、"开心词典"、"汉字乐园"、"主课文"、"副课文"、"能说会用"、"你知道吗"（第一、二册除外）、"经典诵读"与"练习"板块。各板块的编写理念与特点如下：

课前热身　以导入教学内容、激发学生兴趣为目的，主要采用图文并茂的方式呈现。

开心词典　所列均为主课文和副课文中的重点核心词，每个词条后标注了拼音、词性、简单的中文释义，并附例句、常用短语以及近义词反义词等，展示词语的用法，实现词汇拓展。课文中标红色的词语为用法较简单的核心词。非核心词用蓝色标示于课文中，由教师随文释义。其中，核心词要求学生会认、会读、会写、会用，非核心词只要求学生会认读。

汉字乐园　增强汉字教学的趣味性，加强学生对汉字结构规律的认知，帮助学生理解、记忆汉字。

主课文　采用旁注的形式。旁注内容主要为重点句式、文化注解、非核心词的释义。

副课文　包括两篇针对具体功能项目的对话体课文，旨在提高学生的语言运用能力。

能说会用　针对课文中的功能项目，给出语境或指定任务，组织学生完成对话交际练习，提高学生的交际表达能力。

你知道吗　根据需要，针对课文中所涉及文化点适当进行介绍或阐释，引导学生了解中华文化，增强对中华文化的认同感。

经典诵读　包括诗词佳句、经典名言、俗语谚语等，旨在让学生感受汉语音律与意蕴之美。

练习　包括 5～7 种常用题型，内容涵盖语言要素及语言技能训练，既可供教师课堂上使用，也可供学习者课外选做。

　　编写组希望本套教材能充分激发华裔学生学习华文的兴趣，提高他们语言学习的效率。教材编写乃系统工程，编写过程中难免存在疏漏之处，欢迎广大教材使用者提出宝贵的意见与建议！

《初级华文》教材编写组

2018 年 6 月 29 日

目录

第一单元

人际交往

第一课
打电话

课前热身

1. 你常给父母打电话吗？多长时间打一次电话？
2. 你觉得在中国打电话贵吗？

开心词典

离[1]   lí   动词

    例：我家离学校很近。

比较[2]   bǐjiào   副词

    例：比较好　比较便宜

    我们学校很大，他们学校比较小。

看望[3]   kànwàng   动词

    例：明天我要去奶奶家看望奶奶。

    朋友从很远的地方来看望我。

忘⁴　　　　wàng　　　　　　动词

　　例：他忘了写作业。

别⁵　　　　bié　　　　　　　副词

　　例：上课别睡觉。//别忘了。

照顾⁶　　　zhàogù　　　　　动词

　　例：谢谢您一直照顾我。

　　　　一个人在中国生活，要好好照顾自己。

请假⁷　　　qǐng //jià　　　　动词

　　例：请个假　请一天假　向老师请假

好久⁸　　　hǎojiǔ　　　　　形容词

　　例：他等了好久。//好久不见！

挺⁹　　　　tǐng　　　　　　　副词

　　例：挺好的　挺便宜的

　　　　今天挺热的！

最近¹⁰　　　zuìjìn　　　　　　名词

　　例：你最近怎么样？//他最近常常迟到。

事情¹¹　　　shì·qing　　　　名词

　　例：高兴的事情　一件事情

　　　　他最近事情很多。

空¹²　　　　kòng　　　　　　名词

　　例：有空　没空

　　　　最近如果有空就来我家玩吧。//我很忙，没空和你聊天。

汉字乐园

kàn　　　　　cóng　　　　　míng　　　　　xiān
看　　　　　从　　　　　　明　　　　　鲜

主课文

★会

我每天早上都会吃一个鸡蛋。

这件事情，我一定会帮你。

这么晚了，玉兰不会来了。

★虽然……但是……

汉语虽然比较难，但是很有意思。

虽然今天很热，但是我们在海边玩得很开心。

★动词＋过来/过去

你跑过来吧。

他走过去了。

汽车开过来了。

飞机飞过去了。

★别……了

别太高兴了。

别太忙了。

别说了。

给奶奶打电话

每个周末，佳丽都会给奶奶打电话。奶奶家离¹广州比较²远，开车去需要四五个小时。佳丽刚来中国，还没有去看望³奶奶。奶奶虽然已经七十岁了，但是身体很好。她每天自己买菜、做饭。有时佳丽忘⁴了给奶奶打电话，奶奶会给她打过来。奶奶每次都会对佳丽说，别⁵太累了，要多吃饭、多休 xiū·xi 息，好好照顾⁶自己。

会话 1

请假⁷

林丽珍：喂，请问是赵老师吗？

赵老师：是的。

林丽珍：赵老师，您好。我是林丽珍。

赵老师：丽珍，你有什么事？

林丽珍：我感冒了，有点儿发烧，明天想请一天假。

赵老师：好的。你要多喝水、多休息。

林丽珍：谢谢老师。

会话 2

问候

王佳丽：喂，姨妈，我是佳丽。

姨　妈：佳丽呀，好久[8]没来玩了。

王佳丽：家里都挺[9]好的吧！您还经常出差吗？

姨　妈：现在很少出差了。你呢，忙吗？

王佳丽：最近[10]学校事情[11]比较多。

姨　妈：别太累了，好好照顾自己。

王佳丽：知道了。

姨　妈：有空[12]就来玩，姨妈给你做好吃的。

王佳丽：好的！

能说会用

功能 1：关心

1. 一个人在中国学习，要好好照顾自己。

2. 白天要上班，晚上早一点儿睡。

3. 你感冒了，要多喝水、多休息。

功能 2：寒暄

1. 最近工作忙吗？

2．今天天气不错！

3．好久不见。

4．很长时间没联系了。

5．好久没来玩了。

☞练一练：

两位同学一组"打电话"。

情景1：听说朋友生病了，给朋友打电话。

情景2：妹妹一个人在国外学习，已经去了半个月，给妹妹打电话。

经典诵读

Yǒu péng zì yuǎn fāng lái　　bù yì lè hū
有 朋 自 远 方 来， 不 亦 乐 乎？

——《论语·学而》

练习

一、词语组合

一件	奶奶	照顾	事情	忘
看望	衣服	好久	打电话	假
请	身体	休息	不见	多

一件事情 _____

_____

二、选词填空

休息　还　最近　请假　别　比较

1．他_____工作很忙。

2.　下课了，_____一下吧。

3.　他的房间很大，我的房间_____小。

4.　_____睡了，快起床！

5.　老师，我发烧了，今天想_____。

6.　已经晚上九点了，她_____没写作业。

来　去

1.　车在那儿，快开了，快点儿跑过_____！

2.　球在你那儿，你踢过_____吧。

3.　她说现在她不方便接电话，等一下再给我打过_____。

4.　我常常忘了给妈妈打电话，妈妈就给我打过_____。

5.　A：玛丽呢？

　　B：我看见她刚走过_____了。

离　从　往

1.　学校_____公交车站近吗？

2.　_____早上八点到晚上十二点，他一直在餐厅工作。

3.　_____东走一百米，再右拐，就到我家了。

4.　我_____学校去公园，他_____家去公园，我们在公园见面。

5.　我家_____学校很远，一星期回家一次。

三、完成句子和对话

1.　虽然一个人在广州生活很累，_____。（但是）

2.　我们学校_____。（挺……的）

3.　A：你们学校交通方便吗？

　　B：很方便，_____。（离）

4.　A：你去看望过在广州的亲人吗？

B：_____。（还）

5．A：现在七点半了，他_____？（会）

B：会，路上车很多，可能晚一点儿到。

6．A：明天_____？（会）

B：看天气应该不会下雨。

7．你感冒了，_____，在家休息吧。（别……了）

8．A：最近事情真多，累死了！

B：_____。（别……了）

9．A：你在干什么呢？

B：我在看书。

A：天气这么好，_____，咱们出去玩吧。（别……了）

四、根据实际情况回答问题

1．每天晚上你都会做什么？

_____

2．感冒了，你会做什么？

_____

3．周末的时候，你会去哪儿？

_____

4．想家的时候，你会做什么？

_____

五、病句改错

1．昨天我给妈妈打一个电话了。

_____

2．他再想还学习两年汉语。

_____

3．佳丽跟老师请假了三天。

_____

4．最近她发烧了，感冒得很厉害。

_____

5．他非常喜欢运动，每天都能在操场跑跑。

_____

六、说一说

两位同学一组，表演"学生给老师打电话请假"。

第二课

朋友

课前热身

1. 你有哪些国家的朋友？
2. 你喜欢交什么样的朋友？

开心词典

交[1]	jiāo	动词

例：我交了一个朋友。

许多[2]	xǔduō	数词

例：许多同学　许多书　许多朋友

进步[3]	jìnbù	动词

例：进步很快　进步很大　有进步

逛[4]	guàng	动词

例：逛街　逛商店　出去逛逛

好像⁵　　　　　hǎoxiàng　　　　　副词

　　　例：他不说话，好像在想什么事情。

寄⁶　　　　　　jì　　　　　　　　动词

　　　例：寄钱　寄东西　寄过来

新鲜⁷　　　　　xīn·xiān　　　　　形容词

　　　例：新鲜的水果
　　　　　蔬菜很新鲜，我们多买一点儿吧。

一举两得⁸　　　yìjǔ-liǎngdé

　　　例：来中国以后，她汉语进步很快，还认识了许多朋友，一举
　　　　　两得。

帮忙⁹　　　　　bāng//máng　　　　动词

　　　例：请朋友帮忙　请你帮个忙

换¹⁰　　　　　　huàn　　　　　　　动词

　　　例：换钱　换衣服　换宿舍

问题¹¹　　　　　wèntí　　　　　　　名词

　　　例：一个问题　有问题　没问题　问问题
　　　　　我向老师问了几个问题。

力气¹²　　　　　lì·qi　　　　　　　名词

　　　例：他的力气真大，一个人就可以搬那么多东西。
　　　　　我现在很累，没力气说话了。

完¹³　　　　　　wán　　　　　　　　动词

　　　例：吃完饭　上完课
　　　　　你做完作业了吗？

汉字乐园

qǐng	qīng
请　讠＋青	情　忄＋青

qīng	qíng
清　氵＋青	晴　日＋青

主课文

玉兰的朋友

玉兰是个活泼(huó·pō)的女孩儿，喜欢交[1]朋友。来中国以前，她只有泰国(Tài guó)朋友；来中国以后，她认识了许多[2]不同国家的朋友：印度尼西亚(Yìn dù ní xī yà)的、法国(Fǎ guó)的、韩国(Hán guó)的、越南(Yuènán)的、老挝(Lǎo wō)的，还有不少中国朋友。她经常跟中国朋友一起玩，一起聊天，汉语进步[3]很快。

如果有空，玉兰喜欢和朋友们去北京路逛[4]街(jiē)，一边吃一边逛，还可以跟中国人练习口语(kǒu yǔ)，特别有意思。

★以前/以后

来中国以前，我会说一点儿汉语。

下课以后，同学们一起回家。

★一边……一边

我一边吃水果一边看电视。

她一边听音乐一边看书。

大家一边喝茶一边聊天。

会话 1

去哪儿玩

罗志龙：思汉，周末我们出去玩玩吧。

陈思汉：好啊。去哪儿玩？

罗志龙：去看电影怎么样？

陈思汉：最近好像[5]没有什么好看(hǎokàn)的电影。

罗志龙：去逛街？

陈思汉：我没钱了。下个月爸爸才给我寄[6]钱。

罗志龙：去爬(pá)山呢？

陈思汉：爬山不错，可以锻炼身体、呼吸新鲜[7]空气，一举两得[8]。

会话 2

搬家

王家贝：大伟，周末有空吗？我想请你帮忙[9]。

刘大伟：有空。什么事？

王家贝：我要换[10]宿舍。你能帮我搬东西吗？

刘大伟：行。什么时候？

王家贝：周六下午吧。

刘大伟：我两点半去你宿舍。东西多吗？

王家贝：挺多的。

刘大伟：没问题[11]，我力气[12]很大。

王家贝：搬完[13]我请你吃饭。

刘大伟：太好了。

能说会用

功能：约定

A：我们明天上午九点出发，可以吗？

B：可以。

A：晚上六点，我们在图书馆门口见面，行吗？

B：行。

A：我下班后开车来接你吧。

B：好。

☞练一练：

两位同学一组，完成对话。

A：明天晚上我们一起去吃饭吧。

B：_____。（赞同）

A：去吃_____，怎么样？

B：_____。（不赞同）

A：_____？

B：_____。（赞同）

A：我们去哪儿吃？

B：_____。（约定吃饭地点）

A：行，没问题。我们几点出发？

_____。（约定出发时间）

B：_____。（赞成）

经典诵读

Táo huā tán shuǐ shēn qiān chǐ　bù jí Wāng Lún sòng wǒ qíng
桃 花 潭 水 深 千 尺，不 及 汪 伦 送 我 情。

——唐·李白《赠汪伦》

练习

一、换偏旁，加偏旁

换偏旁

例：话→（ 活 ）（ 活泼 ）

讲→（ ）（ ）

唤→（ ）（ ）

忘→（ ）（ ）

加偏旁

例：午→（ 许 ）（ 许多 ）

狂→（ ）（ ）

象→（ ）（ ）

般→（ ）（ ）

二、词语搭配

交_____　　　搬_____　　　换_____　　　新鲜的_____

寄_____　　　逛_____　　　许多_____　　　活泼的_____

三、选词填空

好像　换　一举两得　进步　完　帮忙

1. 他上次听写60分，这次听写89分，_____很大。

2. 你写_____作业再看电视吧。

3. 我家离学校比较远，要先坐公共汽车，还要_____地铁。

4. 他不太舒服，_____感冒了。

5. 这么多书，你要搬到哪儿？需要我_____吗？

6. 累的时候，听听中文歌，可以一边休息一边学汉语，真是_____。

就　才

1. 八点半上课，他九点半_____到教室。

2. 八点半上课，他七点半_____到教室了。

3. 这个孩子很聪明，十五岁_____上大学了。

4. 李进每天晚上一两点_____睡觉。

5. 哥哥不到十九岁_____参加工作了。

6. 十二点十分下课，他十点_____请假走了。

四、完成对话

1. A：_____？（以前）

　　B：我不会说汉语。

2. A：_____？（以后）

B：他打算在广州工作。

3. A：他的汉语进步真大！

   B：因为他经常 _____。（跟……一起）

4. A：他为什么走得这么快？

   B：_____。（好像）

5. A：晚上你常常做什么？

   B：_____。（一边……一边……）

6. A：现在已经十点了，我还没写完作业。

   B：你呀，_____，不可能做完。（一边……一边……）

五、连词成句

1. 能　你　帮　搬家　我　吗

   _____

2. 早上　在　见面　图书馆　我们　八点

   _____

3. 好像　好吃　食堂　菜　的　什么　没有

   _____

4. 他　才　睡觉　昨天　十二点　晚上

   _____

六、说一说

1. 在中国，你的汉语进步快吗？你觉得怎样才能学好汉语？

2. 好朋友经常互相帮忙，你给朋友帮过什么忙？

第三课

过生日

1. 你喜欢过生日吗？为什么？
2. 过生日的时候，你希望收到什么礼物？

开心词典

收[1]	shōu	动词

　　例：生日的时候，佳丽收到了一本汉语书。

过[2]	guò	动词

　　例：过生日　过节

式[3]	shì	

　　例：中式衣服　西式衣服

告诉[4]	gào·su	动词

例：告诉他　告诉我一件事　告诉她明天考试

希望[5]　　xīwàng　　　　　　动词、名词

例：他希望找一份很好的工作。
　　美好的希望

欢迎[6]　　huānyíng　　　　　动词

例：欢迎参加　欢迎欢迎

当然[7]　　dāngrán　　　　　　副词、形容词

例：明天佳丽过生日，我当然要去。
　　如果现在看到妈妈，我当然高兴。

热闹[8]　　rè·nao　　　　　　形容词

例：热闹的公园　热闹极了
　　公园人很多，很热闹。

快乐[9]　　kuàilè　　　　　　形容词

例：生日快乐　新年快乐　快乐地学习　快乐地工作　快乐极了

束[10]　　shù　　　　　　　量词

例：一束花

朵[11]　　duǒ　　　　　　　量词

例：五朵花

属[12]　　shǔ　　　　　　　动词

例：属羊　属马　属牛　属鸡

汉字乐园

yáng　　　yáng
洋　氵＋羊

hé　　　kě
河　氵＋可

xǐ　　　xiān
洗　氵＋先

hǎi　　　měi
海　氵＋每

主课文

chángshòumiàn
长 寿 面

shēng rì
下周三是我的 生 日。以前过生日，我都会收¹到一个很大的生日蛋糕。今年我在中国学习，不能回家，所以我想过²一个中国式³的生日。赵老师告诉⁴我，中国人过生日要吃面条。面条长长的，叫"长寿面"。过生日的人希望⁵吃了面条可以长寿。我觉得很有意思。这次生日，我不吃蛋糕，要吃"长寿面"。

★动词＋到

我收到了很多生日礼物。

你看到佳丽了吗？

找了很多书店，我才买到这本书。

我找了半天才找到手机。

★AA／AABB

她头发长长的。

妹妹大大的眼睛、高高的鼻子。

房间打扫得干干净净。

大家高高兴兴地回家了。

会话 1

你喜欢过生日吗

刘大伟：赵老师，后天是佳丽的生日。

wǎn huì
林丽珍：我们想给她开一个生日晚 会，欢迎⁶您来参加。

赵老师：好啊。你们都喜欢过生日吗？

lǐ wù
刘大伟：当然⁷喜欢。过生日可以收到很多礼物。

林丽珍：过生日很热闹⁸，很开心。

刘大伟：赵老师，您喜欢过生日吗？

赵老师：不太喜欢。

刘大伟：为什么？

赵老师：过一次生日，我就老一岁啊。

会话 2

生日礼物

王佳丽：欢迎欢迎，请进。

孙　克：生日快乐[9]！

林丽珍：送你一束[10]花，祝你越来越漂亮。
（huā zhù）

王佳丽：谢谢。六朵[11]啊！

孙　克：六六大顺嘛。
（·ma）

刘大伟：送你一个帆船，祝你一帆风顺。
（fānchuán yīfān-fēngshùn）

张玉兰：佳丽，你属[12]羊吧，送你一个"美羊羊"。
（yáng）

王佳丽：太可爱了！谢谢。

能说会用

功能 1：欢迎

1. 欢迎光临。
2. 欢迎欢迎。
3. 欢迎来家里玩。

功能 2：祝愿

1. 祝你生日快乐！
2. 祝你身体健康！
3. 祝你们全家幸福！

4．祝你学业有成！

5．祝你工作顺利！

6．祝你一帆风顺！

7．祝你一路平安！

☞练一练：

根据下面的情景，说一说祝愿的话。

情景1：奶奶过生日。

情景2：朋友要去国外读书。

情景3：姐姐要结婚了。

经典诵读

Nián nián yǒu jīn rì　suì suì yǒu jīn zhāo
年　年　有　今　日，岁　岁　有　今　朝。

练习

一、看偏旁，写汉字

例：讠（　话　）　（　讲　）　（　说　）

门（　　）　（　　）　（　　）

辶（　　）　（　　）　（　　）

目（　　）　（　　）　（　　）

口（　　）　（　　）　（　　）

广（　　）　（　　）　（　　）

二、根据课文内容填空

佳丽＿＿＿＿＿＿＿羊，下周三是她的生日。每年＿＿＿＿＿＿＿生日，佳丽都特别＿＿＿＿＿＿＿，因为＿＿＿＿＿＿＿可以＿＿＿＿＿＿＿很多礼物，而且爸爸妈妈会给她买一个生日蛋糕。但是今年她在中国学习，不＿＿＿＿＿＿＿回家，所以她想过一个

_____生日。听老师说，中国人过生日不吃蛋糕，要吃_____的面条。
面条叫"长寿面"，她觉得很有意思，她也想_____。

三、选词填空

属　束　式　希望　过

1. 他现在学习很努力，_____以后有一份好工作。
2. 这_____花一共有 9 朵。
3. 她今年 20 岁，_____龙。
4. _____年的时候街上很热闹。
5. 他在美国长大，说的是美_____英语。

四、用"动词＋到"完成对话

例：A：思汉，我星期一给你寄钱了，你收到了吗？
　　B：收到了，谢谢爸爸。

1. A：照片上这么多人，你在哪儿？
　　B：你找一找。
　　A：_____，这个是你。

2. A：给大家猜(cāi)一个谜语："一口咬掉牛尾巴"，是什么字？
　　B：老师，我_____，是"告诉"的"告"。

3. A：你怎么去上海？
　　B：坐飞机。
　　A：火车比较便宜吧？
　　B：_____火车票，只好坐飞机了。

4. A：我刚才给你打电话，你怎么没接？
　　B：我在洗手间，_____电话响。

五、用"AA/AABB"改写句子

例：那个面条很长。

那个面条长长的。

1. 他的个子很高。

_____

2. 我们学校操场非常大。

_____

3. 丽珍每天很早就起床。

_____

4. 教室里没有人，非常安静。

_____

5. 佳丽在广州生活得很快乐。

_____

六、读一读，写一写

	A		B	C	
1.	赵老师	告诉	我	中国人过生日要吃面条	。
	_____	告诉	___	_____	。
	_____	告诉	___	_____	。
2.	丽珍	送	佳丽	一束花	。
	_____	送	___	_____	。
	_____	送	___	_____	。
3.	A	动词	B	C	
	_____	给	___	_____	。
	_____	祝	___	_____	。
	_____	问	___	_____	。
	_____		___	_____	。

想一想：这三个 A、B、C 有什么一样的地方？你还可以想到哪个动词？

七、说一说

1. 你最希望收到什么生日礼物？
2. 在你们国家，大家常常送什么生日礼物？
3. 在你们国家，大家喜欢哪些数字？不喜欢哪些数字？
4. 下图是中国的十二生肖，找一找，你属什么？

八、阅读短文，回答问题

菲菲是巴西留学生，今天是她十七岁的生日。生日晚会上，菲菲穿着白色的裙子、红色的高跟鞋，很漂亮。菲菲的好朋友都来了，他们买了一个大大的生日蛋糕。蛋糕是巧克力味道的，上面有很多好吃的水果。朋友们唱起了生日歌，祝菲菲生日快乐。菲菲吹生日蜡烛的时候，男朋友送给她一束玫瑰花，菲菲非常开心。这真是一个难忘的生日！

1. 介绍一下菲菲的生日晚会。
2. 你的生日是怎么过的？用本课学习的生词，写一写你的"一个难忘的生日"。

第二单元

日常生活

第四课

快递送货

课前热身

1. 你喜欢在网上买东西吗？
2. 你在中国寄过或收过快递吗？

开心词典

准备[1]	zhǔnbèi	动词

例：今天晚上你准备做什么？//周末你们准备去哪儿玩？

盒[2]	hé	量词

例：六盒月饼　七盒巧克力

一定[3]	yīdìng	副词

例：一定要好好工作
　　我们一定来。

快递[4]　　　kuàidì　　　　　　名词

　　例：快递员　快递单　寄快递　送快递

份[5]　　　　fèn　　　　　　　　量词

　　例：四份报纸　两份礼物　一份工作

大概[6]　　　dàgài　　　　　　　副词

　　例：从这儿到学校大概需要走十分钟。

填[7]　　　　tián　　　　　　　　动词

　　例：填空　填表　填快递单　填一下　填好了　填完了

服务[8]　　　fúwù　　　　　　　动词、名词

　　例：服务老人　服务民众
　　　　这家餐厅的服务很不错。

免费[9]　　　miǎn//fèi　　　　　动词

　　例：免费参观　免费学习　免费服务

重要[10]　　　zhòngyào　　　　　形容词

　　例：重要的人　重要的工作　非常重要

复习[11]　　　fùxí　　　　　　　动词

　　例：复习生词　好好复习　复习好了
　　　　明天要听写了，你复习得怎么样？

再[12]　　　　zài　　　　　　　　副词

　　例：做完作业再吃饭也不迟啊。//上完课再去买东西也不迟啊。

迟[13]　　　　chí　　　　　　　　形容词

　　例：对不起，我来迟了。//迟了五分钟，真对不起。

庆祝[14]　　　qìngzhù　　　　　　动词

　　例：庆祝生日　庆祝春节
　　　　你参加明天的庆祝活动吗？

所有[15]　　　suǒyǒu　　　　　　形容词

　　例：明天要听写第四课所有的生词，大家好好复习。
　　　　所有同学都参加了昨天的晚会。

折[16]　　　zhé　　　　　　　名词

　　例：这件衣服以前是500元，打六折是多少钱？

　　　　明天超市打折，我们去看看吧。

汉字乐园

树　**木**+又+寸　　　　　　　做　**亻**+古+攵
　左　中　右　　　　　　　　　　左　中　右

主课文

★动词+得/不+了

A：明天爬山，你去得了吗？

B：我有事，去不了。

A：东西很多，你一个人拿得了吗？

B：拿不了，你帮我一下吧。

Zhōng qiū Jié　yuè·bing
中 秋节寄月 饼

　　中秋节快到了，李晓玉**准备**[1]给爸爸妈妈寄一**盒**[2]月饼。月饼大大的，**圆**圆的（yuán），什么味道都有，很好吃。中秋节是家人**团 聚**（tuán jù）的**日 子**（rì·zi）。晓玉很想回家过节，和家人一起吃饭、聊天、**赏**（shǎng）月、吃月饼。可是晓玉在**外地**（wài dì）上学，离家很远，回不了家。晓玉想，虽然她不能回家，但是家人能吃到她寄的月饼，**一定**[3]也会很高兴！

会话 1

寄**快递**[4]

（李晓玉给快递公司打电话）

李晓玉：您好，我要寄一**份**[5]快递。

服务员：好的。请说一下您的地址(dì zhǐ)和电话，快递员大概[6]一个小时后
过来。

（快递员到达(dào dá)）

快递员：您寄什么？

李晓玉：一盒月饼。

快递员：寄到哪儿？

李晓玉：广州。

快递员：请填[7]一下快递单。

李晓玉：请问，几天能送到？

快递员：三天左右。

李晓玉：真快！多少钱？

快递员：三十块，送货(huò)到家。

李晓玉：服务[8]真不错！

会话 2

免费[9]送货

张玉兰：佳丽，已经十一点半了，你还不睡觉吗？

王佳丽：我有很重要[10]的事情。

张玉兰：复习[11]吗？

王佳丽：不是。我要上网买东西。

张玉兰：明天再[12]买也不迟[13]啊。

王佳丽：明天是 11 月 11 日。有一家网站(wǎngzhàn)庆祝[14]"光棍节(guānggùn)"，晚上
十二点所有[15]商品(shāngpǐn)打五折[16]。

张玉兰：这么便宜呀！

王佳丽：还免费送货。

张玉兰：那我也不睡觉了，和你一起 抢 购 ($qiǎnggòu$) 吧。

王佳丽：太好了！

能说会用

功能 1：高兴

1. 太好了，今天没有作业。
2. 下个星期一我们班要去参观博物馆，太棒了！
3. 和大家一起吃饭，很开心！

功能 2：表扬

1. 儿子，你真棒！
2. 她学习很努力！
3. 我们的口语课老师真漂亮！

☞练一练：

每位同学说一说，表扬班上的同学或老师。

经典诵读

Yī fēn qián yī fēn huò
一 分 钱 一 分 货。

练习

一、词语搭配

快递_____　　填_____　　所有_____　　抢购_____

准备_____　　寄_____　　一盒_____　　免费_____

上网＿＿＿＿＿＿　　　庆祝＿＿＿＿＿＿　　　赏＿＿＿＿＿＿＿　　　＿＿＿＿＿＿团聚

二、选词填空

一定　重要　庆祝　免费　填　服务

1. 我很喜欢那家餐厅，因为他们的＿＿＿＿＿＿很好。
2. 妈妈打电话让我＿＿＿＿＿＿要好好照顾自己。
3. 哎呀！我忘了一件很＿＿＿＿＿＿的事。
4. 妈妈做了一桌子菜＿＿＿＿＿＿中秋节。
5. 寄快递的时候要先＿＿＿＿＿＿一张快递单。
6. 这家商店不仅东西便宜，而且＿＿＿＿＿＿送货，真是太好了！

三、完成句子和对话

1. 这个周末，我们班＿＿＿＿＿＿＿＿＿＿＿＿＿＿＿＿＿＿＿＿＿＿＿＿＿。（准备）
2. 快考试了，我＿＿＿＿＿＿＿＿＿＿＿＿＿＿＿＿＿＿＿＿＿＿＿＿＿＿＿。（复习）
3. 如果你没有时间去超市，＿＿＿＿＿＿＿＿＿＿＿＿＿＿＿＿＿＿＿。（上网）
4. 明天是新年，天河商场有庆祝活动，＿＿＿＿＿＿＿＿＿＿＿＿＿。（折）
5. 老师，对不起，＿＿＿＿＿＿＿＿＿＿＿＿＿＿＿＿＿＿＿＿＿＿＿。（迟）
6. A：佳丽今天怎么没来上课？

   B：＿＿＿＿＿＿＿＿＿＿＿＿＿＿＿＿＿＿＿＿＿＿＿＿。（大概）
7. A：快给志龙打电话，后天不上课了。

   B：已经晚上十一点半了，＿＿＿＿＿＿＿＿＿＿＿。（再……也不……）

四、用"动词＋得/不＋了"完成对话

1. A：周末的晚会，你去得了吗？

   B：＿＿＿＿＿＿＿＿＿＿＿＿＿＿＿＿＿＿＿＿＿＿＿＿＿＿＿＿＿。
2. A：这个菜很辣，你吃得了吗？

   B：＿＿＿＿＿＿＿＿＿＿＿＿＿＿＿＿＿＿＿＿＿＿＿＿＿＿＿＿＿。

3．A：晓玉，这么多东西，你一个人拿得了吗？

　　B：＿＿＿＿＿＿＿＿＿＿＿＿＿＿＿＿＿＿＿＿＿＿。

4．A：玉兰，学校的唱歌活动，你参加得了吗？

　　B：＿＿＿＿＿＿＿＿＿＿＿＿＿＿＿＿＿＿＿＿＿＿。

5．A：明天我们去海洋馆参观，你跟我们一起去吗？

　　B：＿＿＿＿＿＿＿＿＿＿＿＿＿＿＿＿＿＿＿＿＿＿。

五、连词成句

1．家人　是　春节　日子　团聚　的　重要

＿＿＿＿＿＿＿＿＿＿＿＿＿＿＿＿＿＿＿＿＿＿＿＿＿＿＿

2．他　给　爸爸　寄　准备　件　衣服

＿＿＿＿＿＿＿＿＿＿＿＿＿＿＿＿＿＿＿＿＿＿＿＿＿＿＿

3．大概　三　快递　天　来　送

＿＿＿＿＿＿＿＿＿＿＿＿＿＿＿＿＿＿＿＿＿＿＿＿＿＿＿

4．一定　我　迟到　不　了　以后

＿＿＿＿＿＿＿＿＿＿＿＿＿＿＿＿＿＿＿＿＿＿＿＿＿＿＿

5．所有　打　鞋子　光棍节　六　庆祝　折

＿＿＿＿＿＿＿＿＿＿＿＿＿＿＿＿＿＿＿＿＿＿＿＿＿＿＿

六、说一说

两位或三位同学一组，准备几张图片，介绍自己的国家家人团聚的节日。这个节日叫什么名字？几月几日？做些什么？吃些什么？

第五课
订房订餐

课前热身

1. 上图两家酒店，你喜欢哪一家？为什么？
2. 在中国住酒店，跟你们国家有什么不一样吗？

开心词典

提前[1]	tíqián	动词

　　例：提前十分钟　提前一会儿　提前下课
　　　　你什么时候来广州，提前告诉我一下。

预订[2]	yùdìng	动词

　　例：预订酒店　预订机票　提前预订　预订好了

先[3]	xiān	副词

　　例：你先去，我等一会儿就去。//饭菜快凉了，你先吃吧。

附近[4]　　fùjìn　　　　　　名词

例：学校附近　公交站附近　地铁附近
学校附近有一家小超市。

结果[5]　　jiéguǒ　　　　　　名词、连词

例：好结果　坏结果　有结果
最后的结果是什么？
他去超市买东西，结果关门了。

满[6]　　mǎn　　　　　　　形容词

例：教室里坐满了人。//杯子里的水满了。

最后[7]　　zuìhòu　　　　　　名词

例：最后的时间　最后的结果
今天最后来教室的是谁？
还有最后十分钟，他能做完作业吗？

终于[8]　　zhōngyú　　　　　副词

例：写了三个小时，志龙终于做完作业了。

套[9]　　tào　　　　　　　量词

例：两套衣服　五套房子
这套书有6本。

间[10]　　jiān　　　　　　　量词

例：八间房　四间教室
我想订三间房。

十分[11]　　shífēn　　　　　　副词

例：十分开心　十分美丽　十分努力
这件衣服十分舒服。

抱歉[12]　　bàoqiàn　　　　　形容词

例：让你们等了我这么久，很抱歉。//非常抱歉，我来迟了。

试[13]　　shì　　　　　　　动词

例：试衣服　试一试　试试
这件衣服，我可以试一下吗？

肉[14]　　　　ròu　　　　　　　名词

例：鸡肉　牛肉　羊肉　猪肉

汉字乐园

忘　亡 + 心　　　　想　相 + 心　　　　念　今 + 心

主课文

Guóqìng Jié　　lǚ yóu
国庆节去旅游

下个星期六是国庆节。姨妈全家准备开车去森林（sēn lín）公园玩。

国庆节出门旅游的人很多，需要提前[1]预订[2]酒店（jiǔ diàn）。姨妈先[3]给公园附近[4]的酒店打电话，结果[5]房间都已经订满[6]了。姨妈又在网上找了几家家庭旅馆（jiā tíng lǚ guǎn），一家一家打电话去问，最后[7]终于[8]订到了一套[9]三房一厅（tīng）。

房间订好了，十月一日全家可以出发去旅游啦（la）!

★连动句

他们坐飞机来广州。

他每天骑自行车去学校。

★一 + 量词 + 一 + 量词

孩子一天一天长高了。

时间一年一年过去了。

儿子们一个一个都长大了。

会话 1

订房

服务员：您好。这里是丽星酒店。

姨　妈：您好。我想订两个标准间^{biāozhǔnjiān}。请问多少钱一晚？

服务员：每间¹⁰五百块。您要订哪天的房间？

姨　妈：十月一日、二日的。

服务员：十分¹¹抱歉¹²，这两天的房间都订满了。

姨　妈：附近的酒店都没有房间了，还有什么办法^{bàn fǎ}？

服务员：您可以试¹³试家庭旅馆。

姨　妈：好的，谢谢。

会话 2

订餐

罗志龙：丽珍，中午我准备吃饺子^{jiǎo·zi}，你吃吗？

林丽珍：我不想吃饺子，想去吃肠粉^{chángfěn}。

（罗志龙给饺子馆打电话）

罗志龙：喂，您好，请问是东北饺子馆吗？

服务员：是的。您要订位吗？

罗志龙：不，我想订餐。中午可以送餐吗？

服务员：可以。您要什么？

罗志龙：羊肉¹⁴饺子一份，白菜^{báicài}饺子一份，一共多少钱？

服务员：四十块。

罗志龙：请中午十二点半送到学校西门。

服务员：好的。您的电话？

罗志龙：× × × × × × × × × × ×

能说会用

功能 1：愿意/不愿意

1. 明天爬山比赛，你们想不想参加？
2. 她不想离开父母去外地工作。
3. 我愿意嫁给他！
4. 让他当班长，他有点儿不愿意。

功能 2：打算

1. 暑假佳丽打算去云南大理旅游。
2. 志龙计划明年再学一年汉语，然后回国找工作。
3. 周末你们准备去哪儿逛逛？

☞练一练：

说一说，今年暑假或者寒假，你有什么打算？

经典诵读

Fàn hòu bǎi bù zǒu huó dào jiǔ shí jiǔ
饭 后 百 步 走，活 到 九 十 九。

练习

一、词语搭配

提前_____　　预订_____　　十分_____　　_____附近

需要_____　　打_____　　一套_____　　家庭_____

试_____　　订_____　　一份_____　　送_____

二、选词填空

抱歉　旅游　试　套　满　十分

1. 五一劳动节出门_____的人很多。

2. 志龙给酒店打电话预订房间，结果房间都已经订_____了。

3. 这_____两房一厅很新，也很漂亮。

4. 非常_____，我来晚了几分钟。

5. 这套衣服很好，你_____一下。

6. _____对不起，我让你们久等了！

终于　最后

1. 今天所有同学都来了，不过我是_____一个。

2. 我_____做完作业了，明天可以好好玩了！

3. 路上车很多，我们开车开了四个小时，_____到舅舅家了，舅妈都着急死了。

4. 咱们先去吃饭吧，再休息休息，_____去打篮球。

三、完成句子

1. 公共汽车站_____。（附近）

2. 中秋节出门旅行的人很多，_____。（提前）

3. 他学习一直不太努力，_____。（结果）

4. 大家骑自行车骑了很久，_____。（终于）

5. 他找了很久，_____。（最后）

四、完成对话

1. A：明天你们怎么去北京？

　　B：明天我们＿＿＿＿＿＿＿＿＿＿＿＿＿＿＿＿＿＿＿＿北京。

2. A：你妈妈每天怎么去公司上班？

　　B：我妈妈每天＿＿＿＿＿＿＿＿＿＿＿＿＿＿＿＿＿＿公司上班。

3. A：家贝怎么去学校上课？

　　B：家贝＿＿＿＿＿＿＿＿＿＿＿＿＿＿＿＿＿＿＿＿学校上课。

4. A：你为什么不上车？

　　B：车上已经＿＿＿＿＿＿＿＿＿＿＿＿＿＿＿＿＿＿。（满）

5. A：你爸爸的桌子上放了什么？

　　B：＿＿＿＿＿＿＿＿＿＿＿＿＿＿＿＿＿＿＿＿＿＿。（满）

6. A：时间过得真快！

　　B：对啊，＿＿＿＿＿＿＿＿＿＿＿＿＿＿＿＿＿＿。（一……一……）

7. A：找到你家的小狗了吗？

　　B：还没有，我＿＿＿＿＿＿＿＿＿＿＿＿＿打电话问我的朋友，他们
　　　都没见过。（一……一……）

五、连词成句

1. 海洋馆　参观　准备　去　爸爸　开车　明天

＿＿＿＿＿＿＿＿＿＿＿＿＿＿＿＿＿＿＿＿＿＿＿＿＿＿＿＿

2. 提前　预订　旅游　以前　要　酒店

＿＿＿＿＿＿＿＿＿＿＿＿＿＿＿＿＿＿＿＿＿＿＿＿＿＿＿＿

3. 需要　订　个　标准间　我　两

＿＿＿＿＿＿＿＿＿＿＿＿＿＿＿＿＿＿＿＿＿＿＿＿＿＿＿＿

4. 学生　满　坐　教室　里　了

＿＿＿＿＿＿＿＿＿＿＿＿＿＿＿＿＿＿＿＿＿＿＿＿＿＿＿＿

5. 订　酒店　已经　的　附近　都　满　了

＿＿＿＿＿＿＿＿＿＿＿＿＿＿＿＿＿＿＿＿＿＿＿＿＿＿＿＿

六、说一说

1. 两位同学一组，模仿"会话1"设计一段打电话订房的对话，并表

演一下。

2. 下面是一个饭店的菜单，两位同学一组，模仿"会话2"练习打电话订餐。

面条（15 元/份）

饺子（16 元/份）

葱油饼（12 元/份）

馒头（10 元/份）

包子（12 元/份）

肠粉（15 元/份）

皮蛋瘦肉粥（8 元/份）

虾饺（30 元/份）

第六课

美发健身

课前热身

1. 这个女孩儿的发型怎么样？
2. 你喜欢这个男孩儿的发型吗？

开心词典

戴[1]　　　dài　　　　　　　动词

例：戴耳机　戴帽子　戴眼镜

跳[2]　　　tiào　　　　　　　动词

例：跳上来　跳下去　跳起来　跳得很远

孩子们在公园里又跑又跳，玩得很开心。

安静[3]　ānjìng　　　　　　形容词

例：图书馆里很安静，大家都在看书。

大家安静一下，有重要的事情告诉你们。

心情⁴　　　xīnqíng　　　　　名词

　　例：她心情不好的时候就去逛街。

放松⁵　　　fàngsōng　　　　动词

　　例：放松心情　放松一下

　　　　下课后，我们去打打球，放松放松。

剪⁶　　　jiǎn　　　　　动词

　　例：剪发　剪纸

还是⁷　　　hái·shi　　　　连词

　　例：你坐车去还是骑车去？//下午我们去打球还是去游泳？

适合⁸　　　shìhé　　　　　动词

　　例：这件衣服适合妈妈穿。//黑色的衣服不太适合你。

肯定⁹　　　kěndìng　　　　副词

　　例：他肯定会同意。//明天肯定不会下雨！

染¹⁰　　　rǎn　　　　　动词

　　例：染发　染一下　染成黄色

流行¹¹　　　liúxíng　　　　动词

　　例：流行音乐　非常流行　流行了几年

短¹²　　　duǎn　　　　　形容词

　　例：短头发　剪短　短一点儿　衣服短了

酷¹³　　　kù　　　　　形容词

　　例：你的新发型很酷。//这辆车真酷！

要是¹⁴　　　yào·shi　　　　连词

　　例：你要是有问题，可以来找我。//要是你不想去，就别去了。

难看¹⁵　　　nánkàn　　　　形容词

　　例：难看的发型　难看的衣服　真难看　不太难看

汉字乐园

意　立＋日＋心　　　常　⺍＋口＋巾　　　爱　爫＋冖＋友

主课文

周末健身 (jiànshēn)

周末，佳丽、玉兰、丽珍常一起去健身房健身。

佳丽喜欢戴[1]（zhe）着耳机在跑步机（pǎo bù jī）上慢跑。她觉得一边听

音乐一边跑步，舒服极了。玉兰喜欢跳[2]健美操（jiàn měi cāo）。她

觉得那位教练（jiàoliàn）很帅，跟他学习健美操很开心。丽珍喜

欢练瑜伽（yú jiā）。在安静[3]的房间里，跟瑜伽老师一起慢慢

地（de）练习，丽珍觉得身体、心情[4]都很放松[5]。

★着

办公室的门关着。

教室的灯开着。

他穿着一件西服。

弟弟戴着黑色的眼镜。

★……极了

好吃极了！

高兴极了！

开心极了！

★地

努力地工作

高兴地唱歌

开心地学习

慢慢地跑步

会话 1

烫发 (tàng fà)

美发师：您好，剪[6]发还是[7]烫发？

张玉兰：烫发。

美发师：想烫什么发型（fà xíng）？

张玉兰：烫这个发型，不知道好不好看。

美发师：这个发型很适合[8]你，肯定[9]好看。

张玉兰：我还想染[10]一下颜色。

美发师：喜欢什么颜色？

张玉兰：要现在最流行[11]的。

美发师：那就酒红色吧。

张玉兰：好，就这个颜色。

会话 2

<ruby>理发<rt>lǐ fà</rt></ruby>

罗志龙：你好，我要理发。

理发师：要剪什么发型？

罗志龙：我也不知道，想剪短[12]一点儿。

理发师：这里有很多照片。你看看，喜欢什么发型？

罗志龙：这个发型很酷[13]！

理发师：哦，这是"<ruby>板寸<rt>bǎncùn</rt></ruby>"。

罗志龙：我要是[14]剪"板寸"，会不会很难看[15]？

理发师：不会。很帅的！

罗志龙：那就剪这种吧。

理发师：你先去那边洗发，再来这里剪发。

能说会用

功能 1：担心

1. 他今天没来上课，不知道是不是生病了。
2. 这件事情，父母会不会不同意？
3. 这孩子一点儿也不努力，妈妈真担心！
4. 他每天抽那么多烟，真让人担心。

☞练一练：

两位同学一组，用"不知道""会不会"或者"担心"完成对话。

1. A：玉兰今天没来上课。

   B：_____。

2. A：他已经住院一个星期了。

　　B：_____。

3. A：大伟这几天都不说话，也很少笑。

　　B：_____。

功能2：希望

1. 希望明天不下雨。
2. 他希望找到一个好妻子。
3. 李丽希望毕业后找到一份好工作。

☞练一练：

说一说，新的一年，你有什么新希望？

经典诵读

Zhī zhī wéi zhī zhī　bù zhī wéi bù zhī　shì zhì yě

知 之 为 知 之，不 知 为 不 知，是 知 也。

——《论语·为政》

练习

一、词语搭配

戴_____　　心情_____　　跳_____　　_____极了

流行_____　　短_____　　学习_____　　难看的_____

听_____　　烫_____　　剪_____　　喜欢_____

二、选词填空

安静　放松　适合　肯定　要是

1. 这件衣服不大也不小，非常＿＿＿＿＿＿＿你。
2. ＿＿＿＿＿＿＿想家，就给妈妈打个电话。
3. 看天气，明天＿＿＿＿＿＿＿不会下雨。
4. 教室里很＿＿＿＿＿＿＿，同学们都在努力学习。
5. 工作了一天，下班后我们去打打球，＿＿＿＿＿＿＿一下。

合适　适合　肯定　一定　的　地　得

1. 这件衣服的颜色很＿＿＿＿＿＿＿你。
2. 你昨天买给妈妈的衣服＿＿＿＿＿＿＿吗？
3. 我很＿＿＿＿＿＿＿今年冬天的流行色是红色。
4. 今天他不＿＿＿＿＿＿＿会去健身房健身。
5. 这是我＿＿＿＿＿＿＿书，那是你＿＿＿＿＿＿＿。
6. 他足球踢＿＿＿＿＿＿＿很不错。
7. 让我们快乐＿＿＿＿＿＿＿唱歌跳舞吧！

三、完成句子和对话

1. 你要是来广州，＿＿＿＿＿＿＿＿＿＿＿＿＿＿＿＿＿＿＿＿。
2. 要是你不想去看电影，＿＿＿＿＿＿＿＿＿＿＿＿＿＿＿＿＿。
3. 要是你觉得不舒服，＿＿＿＿＿＿＿＿＿＿＿＿＿＿＿＿＿＿。
4. A：最近他心情怎么样？
   B：心情不错，＿＿＿＿＿＿＿＿＿＿＿＿＿＿＿＿＿＿＿。（地）
5. 上课了，大家都在＿＿＿＿＿＿＿＿＿＿＿＿＿＿＿＿＿。（地）
6. 学习的时候，不要＿＿＿＿＿＿＿＿＿＿＿。（一边……一边……）
7. 跑完五千米以后，真是＿＿＿＿＿＿＿，也＿＿＿＿＿＿＿。（……极了）

四、看图，用"动词＋着"完成句子

1．女孩儿_____帽子。

2．她_____一副漂亮的眼镜。

3．小男孩儿_____。

4．她_____。

5．他_____。

6．他_____。

五、连词成句

1．戴　姐姐　耳机　跑步　操场　在　每天　着

_____

2．喜欢　我　喝　一边　电视　咖啡　一边　看

_____

3. 可以　瑜伽　放松　练　心情　身体　和

_____

4. 发型　适合　脸形　很　个　这　你的

_____

5. 理发　你　洗发　先　然后　再

_____

六、用合适的词语填空

每个周末，我都要去健身房_____。健身房的活动很多，可以跑步，可以_____，也可以练_____。我最喜欢_____着耳机在跑步机上慢跑，_____跑步一边_____，不仅_____了身体，_____可以放松心情，真是_____。

七、说一说

你喜欢健身吗？如果你健身，会选择哪种运动？为什么？

第三单元

第七课
上网

课前热身

1. 你上网常做些什么？
2. 你可以一天不上网吗？

开心词典

其他¹   qítā   代词

例：其他人　其他学校　其他同学
其他人都走了，只有佳丽一个人在教室。

省²   shěng   动词

例：省钱　省时间　省事
坐飞机很贵，坐火车可以省不少钱。

麻烦[3]　　　　má·fan　　　　　　形容词、动词、名词

　　　例：麻烦得很　真麻烦　麻烦您啦　不要麻烦别人

　　　　　又要写那么多汉字，真麻烦！//这真是个大麻烦。

　　　　　麻烦你给我那本汉语书。

双[4]　　　　　shuāng　　　　　　　量词

　　　例：五双鞋　一双手

只好[5]　　　　zhǐhǎo　　　　　　　副词

　　　例：等了半天他也没来，我们只好先走了。

　　　　　没有地铁，我们只好打的回学校了。

退[6]　　　　　tuì　　　　　　　　　动词

　　　例：退钱　退货

　　　　　这件衣服不太合适，我想退货。

得[7]　　　　　děi　　　　　　　　　助动词

　　　例：这件事情我还得再想想。

　　　　　你得回家看看爸爸妈妈了，他们都很想你。

不然[8]　　　　bùrán　　　　　　　连词

　　　例：快走吧，不然要迟到了。//吃点儿早餐吧，不然上课会饿。

老[9]　　　　　lǎo　　　　　　　　　副词

　　　例：上课你不能老玩手机。//你怎么从早到晚老睡觉？

打扫[10]　　　　dǎsǎo　　　　　　　动词

　　　例：打扫房间　打扫教室　打扫一下　打扫打扫

刚才[11]　　　　gāngcái　　　　　　名词

　　　例：刚才有人找你。

　　　　　刚才他还在这里，现在不知道去哪儿了。

不知不觉[12]　　bùzhī-bùjué

　　　例：看电视的时候，孙克不知不觉就睡着了。

　　　　　不知不觉，志龙已经来中国两个月了。

普通[13]　　　　pǔtōng　　　　　　　形容词

　　　例：普通人　普通朋友　普普通通

这是一辆很普通的车。

小心¹⁴　　　xiǎoxīn　　　　动词

例：天气很冷，大家小心别感冒。//在网上交朋友要小心！

汉字乐园

má　　lín
麻　广 + 林

diàn　　zhàn
店　广 + 占

chuáng　　mù
床　广 + 木

guó　　yù
国　口 + 玉

tú　　dōng
图　口 + 冬

yuán　　yuán
园　口 + 元

主课文

★把

老师把作业本发给了学生。

请把书放在桌子上。

他把钱借给了我。

他们把老人送去了医院。

请帮我把书包拿过来。

请你把词典递给我。

上网买东西

　　佳丽喜欢上网买衣服、鞋子（xié·zi）和其他¹生活用品。她觉得又便宜又方便，又省²钱又省时间。但是，上网买东西也会有麻烦³。上个星期，佳丽买了一双⁴运动鞋。图片（tú piàn）上的鞋子很漂亮，颜色也很好看。可是快递员把鞋子送来以后，佳丽发现（fā xiàn）颜色跟图片上的不太一样。没有办法，佳丽只好⁵退⁶货。

会话 1

网 络 游 戏
wǎng luò yóu xì

王佳丽：家贝，你最近每天晚上玩网络游戏，睡得太晚了。

王家贝：姐姐，这游戏真的很好玩。

王佳丽：你得[7]控制时间，不然[8]早上起不来床。
　　　　　　kòng zhì

王家贝：知道了。

王佳丽：这两个星期你上课常迟到，不能老[9]这样。

王家贝：好吧，我今天晚上早一点儿睡。

王佳丽：要是你明天又迟到呢？

王家贝：那我就帮你打扫[10]房间。

会话 2

上网聊天

刘大伟：孙克，刚才[11]第一节课你为什么没来？

孙　克：早上起不来，昨天晚上两点才睡。

刘大伟：你做什么了？

孙　克：上网聊天，不知不觉[12]就聊到两点了。

刘大伟：网恋？
　　　　wǎng liàn

孙　克：不是不是，只是普通[13]朋友。

刘大伟：认识多久了？

孙　克：半年多。我看过她的照片，挺可爱。

刘大伟：网上交友要小心[14]！
　　　　　jiāo yǒu

孙　克：我会注_{zhù// yì}意的。

能说会用

功能 1：劝告

1. 要多读点儿书。
2. 应该早睡早起。
3. 每天的作业，你得按时完成。
4. 开车前，千万不要喝酒。

☞练一练：

下列情况，怎么劝告朋友？

1. 朋友每天白天睡觉，晚上上网玩游戏。
2. 朋友失恋了，很难过，不吃不喝不睡。
3. 朋友天天上网买东西，每个月的钱都花完了。
4. 朋友酒后开车。

功能 2：不满

1. 你不能天天这样，白天睡觉，晚上上网，什么事情也不干。
2. 这件大衣太贵了。

☞练一练：

说一说，你对自己现在的学习生活有什么不满吗？

经典诵读

Dú zài yì xiāng wéi yì kè　měi féng jiā jié bèi sī qīn
独 在 异 乡 为 异 客，每 逢 佳 节 倍 思 亲。

——唐·王维《九月九日忆山东兄弟》

练习

一、看汉字，写拼音

1. 去那家饭馆吃饭不但很方便（　　），而且很便（　　）宜。

2. 你得（　　）好好休息，不然明天起不了（　　）床。

3. 健身不错，可以锻炼身体，也可以减肥，一举两得（　　）。

4. 这个衣服的款式最近很流行（　　）。

5. 我想理一个帅一点儿的发（　　）型。

6. 看着（　　）书我不知不觉（　　）就睡着（　　）了（　　）。

二、词语搭配

其他_____　　发现_____　　省_____　　_____办法

退_____　　打扫_____　　普通_____　　_____用品

三、选词填空

> 普通　不知不觉　小心　刚才　打扫　麻烦

1. 服务员每天都要_____房间。

2. 这辆汽车很_____，可能不贵。

3. 过马路的时候要_____！

4. _____你帮我一个忙。

5. 我们一边说一边笑，_____就到了山上！

6. _____的事情是我不对，对不起。

> 刚　刚才　一般　注意　小心　普通

1. _____志龙在这儿，现在不知道去哪儿玩了。

2. 我_____进门老师就来了。

3. 以后你得多_____这个问题，别再错了。

4. 现在是下班时间，人比较多，你开车要_____。

5. 我们只是_____朋友，没有网恋。

6. 佳丽_____下午四点去健身房练瑜伽。

四、完成句子

1. 下雨了，_____。（只好）

2. 今晚早点儿睡吧，_____。（不然）

3. 快迟到了，我们_____。（得）

4. 不只是这些事情没做完，_____。（其他）

5. 网上买的鞋子小了一点儿，_____。（退）

6. 那家饭馆_____。（又……又……）

五、用"把"完成句子

1. 妈妈把孩子_____。

2. 孙克把书_____。

3. 我把桌子_____。

4. 老师把作业_____。

5. 他把钱_____。

六、给括号中的词语选择合适的位置

1. 今天 A 去印尼的飞机票已经 B 卖完了，C 大家 D 先回学校。（只好）

2. 爸爸 A 还没 B 寄钱，这个月不可以 C 上网买 D 东西了。（老）

3. A 做饭的时候你 B 控制好 C 时间，不然菜 D 就不好吃了。（得）

4. A 东西 B 送来以后你 C 回公司 D 工作吧！（把）

5. 时间 A 过得 B 真快，C 不知不觉 D 两个多月了！（就）

6. A 我 B 懂英语，C 不太懂 D 汉语。（只）

七、用合适的词语填空

最近这两个星期，家贝常常_____网络_____，晚上_____得太_____，所以上课_____迟到，姐姐有点儿_____，让家贝_____好时间，_____早上_____。家贝_____姐姐今晚早点儿睡，如果没做到，他就_____姐姐_____房间。

八、说一说

1. 用"把……"说一件事。
2. 两位同学一组，说一说上网买东西遇到的麻烦。

第八课
校园比赛

课前热身

1. 左图是什么运动？你会吗？
2. 右图是什么运动？你会吗？

开心词典

比赛[1]　　　bǐsài　　　　　　　名词

　　例：一场比赛　足球比赛　举行比赛

匹[2]　　　　pǐ　　　　　　　　量词

　　例：九匹马

获得[3]　　　huòdé　　　　　　动词

　　例：获得第一名　获得冠军　获得好处

感到[4]　　　gǎndào　　　　　　动词

　　例：感到高兴　感到开心　感到不舒服

祝贺[5]　　　　zhùhè　　　　　　动词

　　　例：祝贺你这次比赛获得了第一名。//祝贺大家新年快乐。

哪里[6]　　　　nǎ·lǐ　　　　　　代词

　　　例：A：你汉语说得真好！

　　　　　B：哪里！哪里！

不敢当[7]　　　bùgǎndāng　　　　动词

　　　例：不敢当，不敢当，我没有那么好。

举行[8]　　　　jǔxíng　　　　　　动词

　　　例：举行运动会　举行晚会　举行音乐会

　　　　　学校下星期举行篮球比赛。

打算[9]　　　　dǎ·suàn　　　　　名词、动词

　　　例：这个周末你有什么打算？//星期天大家打算去哪儿玩？

顿[10]　　　　　dùn　　　　　　　量词

　　　例：大吃一顿　打了他一顿

汉字乐园

jì		jǐ		yú		yú
记	讠+	己		愉	忄+	俞

shuō		duì		máng		wáng
说	讠+	兑		忙	忄+	亡

huà		shé		kuài		guài
话	讠+	舌		快	忄+	夬

主课文

运动会
yùndòng huì

今天佳丽和同学们参加了学校的运动会。运动会的

比赛[1]真多，跑步、跳高、跳远、铅球、拔河……
　　　　　　　tiào gāo　tiào yuǎn　qiān qiú　bá // hé

非常热闹。

★为

妈妈为我做好了午饭。

班长常常为大家服务。

她用休息时间为病人洗衣服。

★一＋量词＋比＋一＋量词

他跑得一次比一次快。

孩子长得一天比一天高。

我们的生活一年比一年好。

思华参加了一百米跑步比赛。他跑得真快，像一匹[2]快马，第一个跑到终点（zhōngdiǎn）。全班同学都为他喝彩（hè cǎi）。

家贝参加了跳远比赛，大家都为他加油（jiā yóu），他一次比一次跳得远，最后获得[3]了第二名（míng）。佳丽真为弟弟感到[4]高兴。

会话 1

祝贺[5]你

王佳丽：思华，祝贺你，跑了第一名！真厉害！

林丽珍：你是我们班的"飞人"，希望你两百米也跑第一。

陈思华：谢谢。我一定加油。

林丽珍：你现在是我的偶像（ǒu xiàng）了。

陈思华：哪里[6]哪里，不敢当[7]。

王佳丽：你是冠军（guànjūn），我也是你的粉丝了。

林丽珍：思华，晚上我们一起吃饭庆祝吧，我请客（qǐng kè）。

陈思华：我来请客吧，谢谢大家为我加油。

会话 2

国际美食节（guó jì měi shí）

罗志龙：学校要举行[8]国际美食节，你们参加吗？

孙　克：当然。我打算⁹做"黑椒 _{hēijiāo niúpái}牛排"。

罗志龙：我们也报名了，准备做几个越南菜。

孙　克：佳丽、玉兰，你们也很会做饭，不参加吗？

王佳丽：参加。我要和朋友一起做印尼炒饭！

张玉兰：我们想做泰国菜"冬_{dōngyīngōng}荫功"，又酸_{suān}又辣_{là}喔_ō。

刘大伟：我虽然不会做，但是会吃。

孙　克：美食节，你可以大吃一顿¹⁰啦！

能说会用

功能1：祝贺

1. 祝贺你！
2. 祝贺你找到了工作！
3. 祝贺同学们顺利毕业！
4. 向你们表示热烈的祝贺！

☞练一练：

下列情况，怎么祝贺朋友？

1. 朋友大学毕业。
2. 朋友找到了一份很好的工作。
3. 朋友在歌唱比赛中获得了第一名。

功能2：赞赏

1. 他的身体真好！
2. 你做得好极了！
3. 张青园不但会说印尼语，而且会说泰语！
4. 李小兰又聪明又漂亮！

经典诵读

Tiān shēng wǒ cái bì yǒu yòng   qiān jīn sàn jìn huán fù lái
天 生 我 材 必 有 用，千 金 散 尽 还 复 来。

——唐·李白《将进酒》

练习

一、写反义词

长（　　）　　远（　　）　　便宜（　　）　　吵（　　）

快（　　）　　晚（　　）　　普通（　　）

二、词语组合

例：票　　<u>一张票</u>　　<u>他的票</u>　　<u>火车票</u>　　　<u>便宜的票</u>　　<u>买票</u>

1. 月饼　　_____　　_____　　_____　　_____　　_____

2. 花　　　_____　　_____　　_____　　_____　　_____

3. 比赛　　_____　　_____　　_____　　_____　　_____

4. 快递　　_____　　_____　　_____　　_____　　_____

5. 车　　　_____　　_____　　_____　　_____　　_____

6. 菜　　　_____　　_____　　_____　　_____　　_____

三、词语搭配

感到_____　　　五匹_____　　　获得_____　　　_____比赛

庆祝_____　　　举行_____　　　真_____　　　_____一顿

参加_____　　　跑得_____　　　跳得_____　　　为他_____

四、选词填空

终点　冠军　祝贺　偶像　加油

1. 汽车到_____的时候，我会告诉您的。
2. 大家_____！这个星期我们一定要做完。
3. 那个篮球运动员是很多男生的_____。
4. 那次乒乓球比赛的_____是 A2 班。
5. _____你比赛得了第一名。

一帆风顺　粉丝　一举两得　夜猫子　哪里哪里　六六大顺

1. 晚上睡觉睡得很晚的人：_____
2. 爬山可以锻炼身体，呼吸新鲜空气，有两个好处：_____
3. 生日的时候送帆船，意思是：_____
4. 生日的时候送六朵花，"六"的意思是：_____
5. 周杰伦（Jay Chou）是我的偶像，我是他的：_____
6. 别人说你的汉语真好，你可以回答：_____

五、完成句子

1. 快要比赛了，他_____。（感到）
2. 学校_____。（举行）
3. 我们班_____。（打算）
4. 后天是我的生日，_____。（请客）
5. 篮球比赛开始了，我们班同学打得真好，_____。（为）
6. 孩子的脸红红的，_____。（像）
7. 孩子们_____，妈妈很高兴。（一……比一……）
8. 同学们_____。（一……比一……）

六、用"虽然……但是……"完成对话

1. A：这件衣服怎么样？

   B：＿＿＿＿＿＿＿＿＿＿＿＿＿＿＿＿＿＿＿＿＿。

2. A：这双运动鞋怎么样？

   B：＿＿＿＿＿＿＿＿＿＿＿＿＿＿＿＿＿＿＿＿＿。

3. A：这个菜好吃吗？

   B：＿＿＿＿＿＿＿＿＿＿＿＿＿＿＿＿＿＿＿＿＿。

4. A：汉语学得怎么样？

   B：＿＿＿＿＿＿＿＿＿＿＿＿＿＿＿＿＿＿＿＿＿。

七、连词成句

1. 弟弟　参加　打算　跳远　比赛　报名

   ＿＿＿＿＿＿＿＿＿＿＿＿＿＿＿＿＿＿＿＿＿＿＿＿

2. 获得　了　运动会　冠军　我们　比赛　班

   ＿＿＿＿＿＿＿＿＿＿＿＿＿＿＿＿＿＿＿＿＿＿＿＿

3. 同学　为　班　喝彩　全　都　他

   ＿＿＿＿＿＿＿＿＿＿＿＿＿＿＿＿＿＿＿＿＿＿＿＿

4. 打算　请　大家　志龙　吃饭　一起　庆祝

   ＿＿＿＿＿＿＿＿＿＿＿＿＿＿＿＿＿＿＿＿＿＿＿＿

5. 美食节　要　顿　在　我　吃　大　一

   ＿＿＿＿＿＿＿＿＿＿＿＿＿＿＿＿＿＿＿＿＿＿＿＿

八、说一说

找一两张图片，介绍一两个你们国家好吃的菜。这个菜叫什么名字？什么味道？什么颜色？这个菜是用什么做的？

第九课
电影电视

课前热身

1. 你最喜欢看什么电影？
2. 你看过什么中国电影？

开心词典

决定[1]　　juédìng　　　　　　动词

例：这件事情我决定不了。//去还是不去，丽珍还没决定。

赢[2]　　yíng　　　　　　动词

例：那个游戏志龙赢了。

这场篮球赛谁输谁赢，现在还不知道。

明白[3]　　míng·bai　　　　　形容词、动词

例：不太明白　讲得明白　明明白白

虽然用了很多时间，但是孙克终于想明白了这个问题。

大家都明白了他的意思。

拿[4]　　　　ná　　　　　　　　动词

例：拿来　拿走　拿开　拿一下

她手里拿着一本书。

高[5]　　　　gāo　　　　　　　形容词

例：高高的山　声音很高　个子很高　高了一点儿

精彩[6]　　　jīngcǎi　　　　　形容词

例：精彩的比赛　精彩的电影　精彩极了

可惜[7]　　　kěxī　　　　　　　形容词

例：真可惜　太可惜了

没有获得冠军，思华觉得很可惜。

红[8]　　　　hóng　　　　　　　形容词

例：红衣服　红红的

这位女歌手现在很红。

部[9]　　　　bù　　　　　　　　量词

例：一部电影

约[10]　　　　yuē　　　　　　　动词

例：我约了几个同学去医院看望老师。

丽珍和佳丽约好了明天一起去逛街。

汉字乐园

hóng	gōng		xiàng	xiàng
红	纟 + 工		像	亻 + 象

zhǐ	shì		·men	mén
纸	纟 + 氏		们	亻 + 门

lǜ	lù		tā	yě
绿	纟 + 录		他	亻 + 也

主课文

星期天看电视
diàn shì

星期天下雨，家里的网络又坏了，我们没事干，只好看电视。可是爸爸想看体育节目(tǐ yù jié mù)，妈妈想看电视剧(diàn shì jù)，我和家贝想看的节目也不一样。最后，我们决定¹玩一个游戏，赢²了的人可以决定看什么节目。"太阳(tài·yáng)"，家贝第一个说；"阳光(yáng guāng)"，我第二个说；"光明(guāng míng)"，爸爸第三个说；"明白³(míng)"，妈妈接着说……最后爸爸赢了。他高兴地拿⁴起电视遥控器(yáokòng qì)，打开了体育频道(píndào)。

★可是

朋友们都想去看电影，可是我不想看。

小明想出国学习，可是爸爸妈妈不同意。

★接着

我说完了，你接着说吧。

今天学完了生词，明天接着学课文。

晚饭后我们去超市买了东西，接着又去看了电影。

★动词＋开

打开门

翻开书

打开空调

打开电视

会话1

我是歌手
gē shǒu

王佳丽：你们昨晚看了《我是歌手》节目吗？

陈思华：看了。那位香港(Xiānggǎng)歌手唱得真好。

林丽珍：我喜欢那位马来西亚(Mǎ lái xī yà)歌手，她的声音(shēngyīn)真高⁵。

王佳丽：那位金发的男歌手歌声温柔(wēnróu)，好听极了。

陈思华：昨晚的比赛真**精彩**[6]！

林丽珍：真**可惜**[7]，我去打<ruby>羽毛球<rt>yǔ máoqiú</rt></ruby>了，没看到。

陈思华：没关系，下周六还有<ruby>决赛<rt>jué sài</rt></ruby>。

林丽珍：太好了！下周六一起看吧！

会话 2

他现在很**红**[8]

陈思华：手机里这个人是谁？真帅！

张玉兰：电影明星。

陈思华：他现在很红吗？

张玉兰：是啊，他的功夫很好，有很多粉丝。

陈思华：你也是他的粉丝？

张玉兰：对啊！周末有一**部**[9]新电影，他<ruby>主演<rt>zhǔyǎn</rt></ruby>的。我们一起去看吧！

陈思华：我还是喜欢在宿舍看电视剧。

张玉兰：那我去**约**[10]丽珍，她也喜欢看电影。

能说会用

功能1：请求

1. 请帮一下忙。
2. 帮我拿一下，好吗？
3. 可以用一下你的词典吗？
4. 我想请两天假，行吗？

☞练一练：

两位同学一组，A 向 B 提出一个请求，B 回答。

功能 2：遗憾

1. 昨晚的电影真好看，你没看真可惜。

2. 佳丽的生日晚会我没参加，太可惜了。

3. 真遗憾，参加不了你的大学毕业典礼了！

☞练一练：

两位同学一组，说一说让自己感到遗憾的事情。

经典诵读

Sān sī ér hòu xíng

三　思　而　后　行。

——《论语·公冶长》

练习

一、词语接龙

例： 太　　太阳　　　　阳光　　　　光明　　　　明白

出　_____　　_____　　_____　　_____

唱　_____　　_____　　_____　　_____

生　_____　　_____　　_____　　_____

晚　_____　　_____　　_____　　_____

二、组词语

例： 看<u>到</u>　　看<u>见</u>　　看<u>完</u>　　看<u>错</u>

听_____　　听_____　　听_____

写_____　　写_____　　写_____

买_____　　买_____　　买_____

关_____   打_____   拿_____

三、选词填空

> 声音　约　电视　赢　节目

1. 篮球比赛我们班_____了其他几个班。

2. 大家_____好了明早九点在学校东门见面。

3. 孙南最喜欢看的电视_____是篮球比赛。

4. 丽珍唱歌的_____很好听。

5. 爷爷奶奶每天晚上都看_____。

> 明白　清楚

1. 这么远，我怎么能看得_____呢?

2. 我想不_____为什么事情会变成现在这样。

四、完成句子

1. 我的爱好_____。（和……一样）

2. 弟弟_____。（和……不一样）

3. 明年他还要_____。（接着）

4. 昨晚的篮球比赛很精彩，_____。（可惜）

5. 这个问题很难，_____。（明白）

6. 志龙也喜欢看电影，_____。（约）

7. 明天下大雨，_____。（只好）

五、连词成句

1. 爸爸　打　电视　地　高兴　开　了

_____

2．我　妹妹　不　爱好　和　一样　太　的

_____

3．位　歌手　得　唱　那　好听　真　歌

_____

4．部　新　电影　主演　他　是　的　那

_____

5．想　周末　我　约　一起　电影　看　玉兰　去

_____

六、说一说

1．找一两张图片，介绍一下你最喜欢的电影明星、歌星或者球星：他（她）叫什么名字？是男的还是女的？是电影明星、歌星还是球星？哪国人？多大年纪？你为什么喜欢他（她）？

2．准备一些图片或者视频，介绍一个你们国家的、大家喜欢的电视节目。

第四单元

生活问题

第十课

医院看病

课前热身

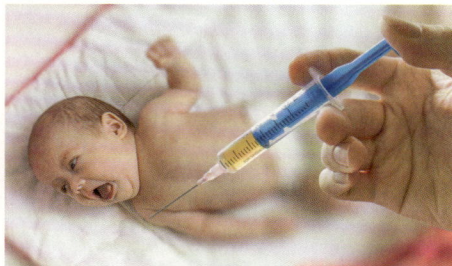

1. 小男孩儿为什么哭？
2. 女孩儿头疼，有什么办法帮帮她？

开心词典

晕[1]　　　yūn　　　　　动词
　　例：我有点儿头晕，要休息一下。
　　　　我看了一上午电脑，头都晕了。

疼[2]　　　téng　　　　　形容词
　　例：头疼　手疼　嗓子疼　疼极了
　　　　他头疼得厉害，要去医院看看。

量[3]　　　liáng　　　　　动词
　　例：量体温　量身高　量长短　量一量

开[4]　　　　kāi　　　　　　　　动词

　　　例：开药
　　　　　他病得很厉害，医生给他开了一些药。

按时[5]　　　ànshí　　　　　　　副词

　　　例：按时交作业　按时睡觉　按时吃药

油腻[6]　　　yóunì　　　　　　　形容词

　　　例：你生病了，要少吃油腻的食物。
　　　　　我喜欢吃清淡的菜，不喜欢油腻的。

张[7]　　　　zhāng　　　　　　　动词

　　　例：大伟张了张嘴，但是什么话也没说。//请把嘴张大一点儿。

检查[8]　　　jiǎnchá　　　　　　动词

　　　例：检查身体　检查作业　检查一下

低[9]　　　　dī　　　　　　　　　形容词

　　　例：那个女歌手声音很高，那个男歌手声音很低。
　　　　　别把空调开得太低。

取[10]　　　　qǔ　　　　　　　　　动词

　　　例：去银行取钱　下飞机以后取东西　取回来

费[11]　　　　fèi　　　　　　　　　名词

　　　例：学费　生活费　医药费　交费　收费

片[12]　　　　piàn　　　　　　　　量词

　　　例：两片药　四片面包　一片森林

汉字乐园

téng	dōng		huàn	huàn
疼	疒 + 冬		换	扌 + 奂

bìng	bǐng		bān	bān
病	疒 + 丙		搬	扌 + 般

tòng	yǒng		dǎ	dīng
痛	疒 + 甬		打	扌 + 丁

主课文

去医院看病
yī yuànkàn//bìng

今天早上，孙克起床后，觉得头晕[1]、嗓子疼[2]、
sǎng·zi
全身没力气。思华说他脸色很难看，可能生病
liǎn sè　　　　　　　　shēng//bìng
了，要去医院看看。思华陪孙克来到医院。他们先去
挂号，然后去了内科诊室。护士给孙克量[3]了体
guà//hào　ránhòu　　nèi kē zhěn shì　hù·shi　　　　　　tǐ
温，39摄氏度。大概等了半个小时，医生给孙克
wēn　　　shè shì dù　　　　　　　　　yī shēng
看了病，开[4]了一些药，告诉孙克要按时[5]吃药、多休
yào
息、多喝水、少吃油腻[6]的食物。
shíwù

★陪

明天你陪我一起去看电影吧。

父母年纪大了，要多回家陪陪他们。

妈妈陪着孩子玩。

★先……然后……

我先复习生词，然后复习课文。

我们先去吃饭，然后去逛街。

他先去北京学了一年汉语，然后又来广州学了一年。

会话 1

哪里不舒服

医生：你哪里不舒服？

孙克：头疼。

医生：什么时候开始的？
kāi shǐ

孙克：今天早上。

医生：嗓子疼吗？

孙克：有点儿疼。

医生：张[7]开嘴，检查[8]一下。
zuǐ

（医生检查）

孙克：医生，我的病严重 吗？
                         yánzhòng

医生：不严重，是感冒了，有一些发烧。

孙克：要打 针 吗？
        dǎ//zhēn

医生：不用。我给你开一些药，按时吃就行了。

孙克：谢谢医生。

医生：这几天要注意，别再着 凉 了。
                         zháo//liáng

孙克：好的。昨晚睡觉，空调开得太低[9]。

医生：回去好好休息，很快就会好的。

会话 2

在医院取[10]药

孙　　克：您好，取一下药。

医务人员：您交费[11]了吗？

孙　　克：没有。

医务人员：您先去收费窗 口交费，然后再来这里取药。
                             chuāngkǒu

（孙克交了费，来到取药窗口）

医务人员：这是您的药。这种白色的药，一天吃三次，一次吃两片[12]，饭后吃。

孙　　克：这种黄色的呢？

医务人员：一天吃两次，每次吃一片，饭前吃。

孙　　克：好，谢谢。

能说会用

功能 1：提醒

1. 走时别忘了关门。
2. 别忘了按时吃药。
3. 出门要关灯。
4. 记住，明天出发的时间是早上九点。

☞练一练：
说一说，父母准备出门旅行时，有哪些方面要提醒他们注意？

功能 2：后悔

1. 他后悔没有听父母的话。
2. 上大学时没有学医，她很后悔。

☞练一练：
你有没有什么觉得后悔的事情，说一说。

经典诵读

Sān rén xíng　bì yǒu wǒ shī yān
三 人 行 ， 必 有 我 师 焉 。

——《论语·述而》

练习

一、写拼音，读一读

银行_____　着_____凉　爱好_____　地_____方
行____不行　坐着____　好_____人　慢慢地____走

二、连一连，读一读

挂　　　　色　　　　　　　　食　　　　针
嗓　　　　院　　　　　　　　体　　　　始
脸　　　　病　　　　　　　　开　　　　物
生　　　　子　　　　　　　　严　　　　温
医　　　　号　　　　　　　　打　　　　重

三、词语搭配

开_____　　交_____　　量_____　　_____费

张_____　　取_____　　收_____　　_____疼

按时_____　　检查_____　　一片_____　　开始_____

四、选词填空

> 脸色　开始　疼　着凉　生病　油腻

1. 你的病还没好，要少吃_____的食物。

2. 佳丽的_____很难看，是不是生病了？

3. 今天的练习从第十五课_____。

4. 天气变冷了，小心别_____。

5. 经常锻炼身体就不容易_____了。

6. 昨天晚上没睡好，今天头_____得厉害。

五、用"先……然后……"完成对话

1. A：周六你们去哪儿玩了？

   B：_____。

2. A：昨天晚上预习第十一课了吗？

   B：_____。

3．A：暑假你去了哪些地方旅游？

　　B：_____。

4．A：志龙的生日晚会热闹吗？

　　B：很热闹，我们_____。

六、完成句子

1．从这儿走到商场_____。（大概）

2．要是不快点，我们就_____。（按时）

3．周末，_____。（陪）

4．你的脸色很难看，_____。（检查）

5．志龙可能发烧了，_____。（量）

6．钱用完了，_____。（取）

七、用合适的词语填空

早上起床后，孙克觉得不_____，于是思华_____他去医院看了病。医生给孙克_____了身体，告诉孙克他感冒了，_____发烧。医生给孙克_____药，告诉孙克要_____吃药、多_____水、_____休息。

八、说一说

1．李华陪张卫到医院看病（张卫头疼、脸色难看）。

2．医生给王可看病（王可头晕、嗓子疼）。

第十一课
银行办事

课前热身

1. 学校附近有哪些银行？
2. 中国的银行和你们国家的有什么不一样？

开心词典

挂失[1]　　　guà//shī　　　　动词
　　例：我的信用卡丢了，得快点儿去银行挂失。

丢[2]　　　diū　　　　动词
　　例：我的书丢了。//小孩儿在火车站走丢了。

里面[3]　　　lǐmiàn　　　　名词
　　例：教室里面坐满了人。
　　　　房间里面很漂亮，外面有一个大花园。

卡⁴　　　　kǎ　　　　　　名词

　　例：信用卡　电话卡　手机卡　学生卡

办理⁵　　　bànlǐ　　　　　动词

　　例：办理学生证　办理身份证　办理护照

放心⁶　　　fàng//xīn　　　动词

　　例：这件事让她去做，我很不放心。

马上⁷　　　mǎshàng　　　　副词

　　例：马上开始　马上就来

　　　　快点儿吃吧，马上要出发了。

总是⁸　　　zǒngshì　　　　副词

　　例：最近上课你为什么总是迟到？

丢三落四⁹　diūsān-làsì

　　例：我最近总是丢三落四，常常忘了带书和作业。

带¹⁰　　　　dài　　　　　　动词

　　例：带钱包　带手机　带信用卡

出生¹¹　　　chūshēng　　　动词

　　例：我的出生日期是一九八〇年六月二十三日。

　　　　你是哪一年出生的？

日期¹²　　　rìqī　　　　　　名词

　　例：出发日期　开学日期　比赛日期

号码¹³　　　hàomǎ　　　　　名词

　　例：电话号码　护照号码　信用卡号码

汉字乐园

nào　shì
闹　门 + 市

wèn　kǒu
问　门 + 口

jiān　rì
间　门 + 日

jìn　jǐng
进　辶 + 井

guàng　kuáng
逛　辶 + 狂

chí　chǐ
迟　辶 + 尺

主课文

★把

孩子把饭吃完了。

他把黑板擦干净了。

玉兰把衣服洗好了。

他把"方"字写成了"万"字。

司机把"机场"听成了"剧场"。

我们要把教室打扫干净。

今天一定要把生词复习完！

信用卡挂失[1]
xìn yòng kǎ

思汉来中国三个月了。上星期他去超市买东西，不小心把钱包丢[2]了，里面[3]的信用卡也丢了。他很着急。赵老师告诉他，可以去银行挂失。思汉不明白"挂失"是什么意思。赵老师告诉他，"挂失"是让银行知道信用卡丢失，银行就不会让别人用这张卡[4]了。挂失以后需要等一两个星期，才可以办理[5]新卡。听了赵老师的话，思汉放心[6]了，他准备马上[7]去银行挂失信用卡。
qiánbāo / yín háng / diū shī

会话 1

钱包丢了

陈思汉：哥，我的钱包丢了。

陈思华：你真是的，这么不小心。

陈思汉：我去超市买东西，回来就找不到钱包了。

陈思华：里边的钱多吗？

陈思汉：好像有两三百块，信用卡也丢了。

陈思华：你呀，总是[8]丢三落四[9]。

陈思汉：没关系，钱不多，卡也可以挂失。

陈思华：下次你别把自己丢了。

陈思汉：哈哈，我要是丢了，你就去"挂失"吧！

会话 2

办信用卡

王佳丽：您好，我想办一张信用卡。

银行工作人员：您带[10]了身份证(shēnfènzhèng)吗？

王佳丽：我是外国人，只有护照(hùzhào)。

银行工作人员：护照也行。您先取号(hào)，然后填一下这张表(biǎo)。

王佳丽：要填些什么？

银行工作人员：姓名(xìngmíng)、性别(xìngbié)、国籍(guójí)、出生[11]日期[12]、证件类型(zhèngjiàn lèi xíng)、证件号码[13]、家庭住址、手机号码。

王佳丽："证件类型"是什么？

银行工作人员：身份证、护照等。您填好以后就可以办理了。

王佳丽：谢谢。

能说会用

功能 1：说明

1. 她是中国人。
2. 他今年 21 岁。
3. 北京是中国的首都。

功能 2：责备

1. 你真是的！
2. 你不该这样做。

3．你太粗心了！

4．你怎么能这样？

☞练一练：

下列情况，父母会怎么对孩子说？

1．孩子每天晚上上网玩游戏，睡得很晚。

2．孩子上课常迟到。

3．孩子借了别人的钱不还。

4．孩子总是丢三落四。

5．孩子做事太粗心。

经典诵读

Xué ér shí xí zhī bù yì yuè hū
学 而 时 习 之，不 亦 说 乎？

——《论语·学而》

练习

一、词语搭配

_____卡　　　办理_____　　　_____放心　　　_____日期

马上_____　　　挂失_____　　　填_____　　　_____号码

总是_____　　　准备_____　　　取_____　　　_____里面

二、选词填空

马上　里面　挂失　放心　总是　丢　丢三落四

1．如果信用卡_____了，可以去银行办理_____。

2．你呀，最近总是_____，在想什么？

3．教室_____坐满了人。

4．你_____，这件事情我一定帮你。

5.　等他们来了，我们就_____出发。

6.　老师上课的时候_____站着。

> 但是　总是　要是　只是　可

1.　你呀，_____这么不注意，过马路要小心啊！

2.　我姐姐_____喜欢那个明星了，天天都想去看他的演唱会。

3.　虽然他丢了钱包，_____银行卡和身份证还在。

4.　_____你来广州，我就去飞机场接你。

5.　我_____不喜欢这儿的天气，但是这儿的人我很喜欢。

三、用"把"完成对话

1.　A：_____?

　　B：好啊，给你。

2.　A：你怎么了，这么不开心？

　　B：_____。

3.　A：喂，志龙，不好意思，我忘了带我的书，_____?

　　B：好的，我在桌子上找一找，等一下我带给你。

4.　A：今天好冷啊，_____。

　　B：我马上就去关。

5.　A：好饿啊，饭做好了吗？

　　B：_____。

四、给句子中的画线部分换一种表达

例：玉兰去超市买了很多水果，有苹果、梨子、香蕉、榴莲。（等）

1.　你老不洗衣服，这个习惯可不好。（　　　）

2.　从这儿到学校大概 500 米。（　　　）

3.　你不用担心，丢了银行卡还可以去银行挂失。（　　　）

4.　你呀，怎么总是丢了这个忘了那个！（　　　）

五、用合适的词语填空

今天，王佳丽去银行办了一_____银行卡。中国人办理银行卡_____身份证。外国人_____身份证，可以用护照办理。佳丽在申请表上_____了姓名、性别、国籍、出生_____、护照号码、家庭住址、手机_____。佳丽很高兴，有了银行卡，_____钱、买东西都很方便。

六、银行办理信用卡，需要填写下面这份申请表，和老师、同学一起填一填

申请表

客户信息
★姓名：（　　　　　）
★汉语拼音姓名：（姓）（　　　　　）（名）（　　　　　）
★性别：（　　　　　）
★国籍：（　　　　　）
★手机号码：（　　　　　　　）
★证件类型：□身份证　□护照　□其他_____
★证件号码：（　　　　　　　）
★发证机关：（　　　　　　　）
★地址类型：□家庭住址　□单位地址
★地址：（国家）（　　　）（省/自治区）（　　　）（市）（　　　）
（　　　　　　　　　）
借记卡、储蓄产品（略）
电子银行服务（略）
投资理财（略）
申请人签字：_____　　　_____年____月____日

七、说一说，做一做

大家准备一些纸条，每张纸条上写一个"把"字句。

例：1．……把门打开。

　　2．……请把教室的灯关上。

　　3．……把……同学的书包打开。

　　4．把……同学的书放到……同学的桌子上。

　　5．把……同学的椅子搬到教室外面去。

活动1：请一位同学抽取一张纸条，根据上面的"把"字句做动作，然后请另一位同学根据动作说"把"字句。

活动2：请一位同学抽取一张纸条，朗读上面的"把"字句，然后请另一位同学根据"把"字句做动作。

第十二课

租房看房

课前热身

1. 这两套房，你喜欢租哪一套？
2. 你喜欢住在学校还是在学校外面租房住？

开心词典

租[1]　　　　zū　　　　　　　动词

例：租房　租车
　　 ·　　 ·

满意[2]　　　mǎnyì　　　　　动词

例：非常满意　不太满意　满意极了　满意得很
　　　 ·· 　　　　 ··　　　 ··　　　 ··
　　他找到了一份满意的工作。
　　　　　　 ··

吵[3]　　　　chǎo　　　　　　形容词

例：吵得我不能睡觉　吵得人不舒服
　　 ·　　　　　　　 ·
　　找个安静的地方吧，这里太吵了。
　　　　　　　　　　　　　 ·

洗⁴　　　　xǐ　　　　　　　　动词

例：洗手　洗衣服　洗一洗　洗干净

朝⁵　　　　cháo　　　　　　　介词

例：朝东走　朝南跑

孩子朝妈妈笑了。

最好⁶　　　zuìhǎo　　　　　　副词

例：我们最好早点儿出发，不然会堵车。

今天天气不好，你们最好不要去爬山。

暖⁷　　　　nuǎn　　　　　　　形容词

例：暖冬　冬暖夏凉　给孩子穿暖一点儿

干净⁸　　　gānjìng　　　　　　形容词

例：干净的房间　非常干净　打扫干净　干干净净

除了⁹　　　chú·le　　　　　　介词

例：他除了会说英语，还会说汉语。

除了佳丽喜欢游泳，玉兰也喜欢游泳。

今天除了思汉，别的同学都来了。

房租¹⁰　　　fángzū　　　　　　名词

例：交房租　一年的房租　房租很贵　房租太高

押金¹¹　　　yājīn　　　　　　　名词

例：交押金　退押金　租房押金

考虑¹²　　　kǎolǜ　　　　　　　动词

例：考虑问题　认真考虑　考虑一会儿

这件事情我好好考虑考虑再答复你。

答复¹³　　　dá·fù　　　　　　　动词

例：我的工作就是答复大家的问题。

汉字乐园

jìng　　zhēng

净　冫 + 争

lěng　　lìng

冷　冫 + 令

bīng　　shuǐ
冰　冫 + 水

liáng　　jīng
凉　冫 + 京

主课文

★有的……有的……

汉字有的很容易写，有的很难写。

她买了很多东西，有的便宜，有的很贵。

★AA/ABAB

买买东西

洗洗衣服

写写作业

看看电视

打扫打扫房间

学习学习汉语

★正好

周老师来了，你正好可以问问他这个问题。

今天有空，正好陪妈妈去买东西。

大伟租[1]房

fángwūzhōng jiè

大伟想在学校附近租房。房屋中介带他看了一些房子，他都不满意[2]。有的太小，有的太旧，有的太吵[3]，有的太贵。最后，周老师帮他找到了一套一室一厅。房子离学校很近，走路大概十分钟，附近有地铁

gōnggòng qì chē　　　　cān guǎn

站、公共汽车站、超市、餐馆、洗[4]衣店。房子

diàn tī

在五楼，没有电梯。大伟觉得这里生活、交通都很方

lóu tī

便。虽然五楼有点儿高，但是爬爬楼梯正好可以锻炼身体。

会话 1

wò shì

卧室朝[5]南还是朝北

刘 大 伟：您好，我想租房。

房屋中介：您想租哪里的房子？

刘 大 伟：学校附近的。

房屋中介：想租一室一厅还是两室一厅？

刘 大 伟：都可以。

房屋中介：想租电梯房还是楼梯房？

刘　大　伟：最好[6]是电梯房。

房屋中介：卧室朝南朝北都可以吗？

刘　大　伟：当然要朝南的，冬 暖[7]（dōng xià）夏凉嘛！

房屋中介：要是有合适的房子，我就给您打电话。

刘　大　伟：谢谢。

会话 2

看房

房屋中介：刘先生，您觉得这套房子怎么样？

刘　大　伟：还不错，挺新的。

房屋中介：这是两室一厅的。这是客厅（kè tīng），那是卧室。厨 房（chúfáng）、厕所（cè suǒ）都很干净[8]。

刘　大　伟：除了[9]电 视 机（diànshì jī）、空调，还有其他电 器（diàn qì）吗？

房屋中介：有，电 冰 箱（diànbīngxiāng）在厨房，洗 衣 机（xǐ yī jī）在阳 台（yáng tái）。

刘　大　伟：有网络吗？

房屋中介：有。

刘　大　伟：房租[10]多少钱？

房屋中介：一个月三千八。

刘　大　伟：要交押金[11]吗？

房屋中介：要交两个月的。

刘　大　伟：行，我考虑[12]考虑再答复[13]你。

能说会用

功能1：选择

1. A：喝红茶还是绿茶？
   B：红茶吧。
2. A：晚上在家里吃饭还是出去吃？
   B：在家里吃。

☞练一练：
完成对话。

1. A：＿＿＿＿＿＿＿＿＿＿＿＿＿＿＿＿＿＿＿？
   B：上海和北京我都想去。
2. A：＿＿＿＿＿＿＿＿＿＿＿＿＿＿＿＿＿＿＿？
   B：这个星期六我不去游泳，想去爬山。
3. A：＿＿＿＿＿＿＿＿＿＿＿＿＿＿＿＿＿＿＿？
   B：我不坐地铁，也不坐汽车，我想骑自行车去。

功能2：要求

1. 大家一定要完成所有的作业。
2. 我们要经常锻炼身体。
3. 明天早上七点出发，同学们不要迟到。
4. 租房子，我一定要租有电梯的。

☞练一练：
说一说，如果你要租房，对房子有什么要求？

经典诵读

Jǐ suǒ bù yù　wù shī yú rén
己 所 不 欲，勿 施 于 人。

——《论语·卫灵公》

练习

一、选词填空

> 洗　租　押金　吵　朝

1. 这套房子一个月租金要四千，太贵了，我_____不起。

2. 宿舍就在路边，比较_____。

3. 卧室_____南，冬天比较暖和。

4. 衣服太脏了，_____一下吧。

5. 租这套房子需要交一个月的_____。

> 到　对　朝　向　从　跟　在

1. _____星期一_____星期五我们都_____504 教室上课。

2. 他_____我说，足球场_____左边，_____这儿一直_____东走。

3. _____左拐，我家大门_____南。

4. 他的汉语真好，我真想_____他一样。

5. 要是想让汉语好一点儿，就得多_____他学习学习。

二、照例子，用加点的词语完成对话或句子

例：A：想租一室一厅还是两室一厅？

B：和朋友一起住，最好是两室一厅。

1. A：我们今天还去爬山吗？

B：_____。

2. A：下午三点出发怎么样？

B：_____。

3. A：晚饭去吃海鲜怎么样？

B：_____。

例：A：来中国以后，你去过哪些地方旅游？

B：除了去过家乡潮州，我还去过厦门和泉州。

1. A：听说你会说好几种语言。

B：_____。

2. A：明天全班同学都能去参观博物馆吗？

B：_____。

3. A：你什么菜都能吃吗？

B：_____。

例：房屋中介带他看了一些房子，他都不满意。有的太小，有的太旧，有的太吵。

1. 操场上人很多，_____。

2. 教室里很安静，同学们_____。

3. 生日晚会很热闹，朋友们_____。

三、完成句子

1. 这件事情很重要，_____。（考虑）

2. 明天星期六，_____。（还是）

3. 我再想想，_____。（答复）

4. 这套三室一厅的房子又新又漂亮，_____。（满意）

5. 王老师来了，_____。（正好）

四、用"有+多+形容词"完成对话

例：A：你的房间有多大？

B：十五平方米。

1. A：这些苹果_____？

B：差不多三斤。

2. A：机场离学校_____？

B：坐地铁要坐十二个站，一个小时左右。

3. A：你_____?

　　B：我一米八二。

4. A：她的头发_____?

　　B：很长啊，大概一米。

五、回答问题

1. 你们班的教室朝南还是朝北？

_____。

2. 你喜欢住在学校还是在外面租房住？

_____。

3. 你喜欢一个人住还是与朋友合住？

_____。

4. 在你们国家，租房要交押金吗？

_____。

5. 在中国租房，和在你们国家有什么不一样？

_____。

六、说一说

　　房屋中介带着李明一起去看房子。这套房子为一室一厅，有阳台、客厅、厨房、卧室、卫生间，电器也很多。房子离学校不远，交通很方便，不过是楼梯房。李明打算考虑考虑再答复。

角色：房屋中介、李明

对话：这套房子怎么样？

七、写一写

　　你现在住的房子，是在学校里面还是外面？是一个人住还是与朋友、家人一起住？房子多大？房子在几层？有些什么家具、电器？

第五单元

季气天节

第十三课

春夏秋冬

课前热身

1. 找一找图中的春夏秋冬。
2. 你们国家的季节跟中国的一样吗？

开心词典

部分[1]　　　　bù·fen　　　　　　名词

　　　例：大部分同学　一部分老师

长[2]　　　　　zhǎng　　　　　　动词

　　　例：长高　长胖

　　　　我的头发长长了。//春天到了，小草长出来了。

五颜六色[3]　　wǔyán-liùsè

　　　例：五颜六色的花　五颜六色的衣服

打扮[4]　　　　dǎ·ban　　　　　　动词

例：打扮自己　打扮一下　打扮得很漂亮

选[5]　　　　xuǎn　　　　　　动词

例：选班长　选宿舍　选一选

结[6]　　　　jié　　　　　　　动词

例：结冰

堆[7]　　　　duī　　　　　　　动词

例：堆雪人　雪人堆好了

不用[8]　　　bùyòng　　　　　副词

例：不用谢　不用客气
今天是周末，不用上课。

从来[9]　　　cónglái　　　　　副词

例：我从来没去过北京。//我从来不知道你还有个妹妹。

潮湿[10]　　 cháoshī　　　　　形容词

例：潮湿的气候　不太潮湿　潮湿极了

也许[11]　　 yěxǔ　　　　　　 副词

例：他没来上课，也许是感冒了。

汉字乐园

rè　zhí　　　　　zhào　zhāo　　　　　shóu　shú
热　执 + 灬　　　照　昭 + 灬　　　熟　孰 + 灬

主课文

四季的颜色

中国的大**部分**[1]地区有春、夏、秋、冬四个季节。（dì qū）（jì jié）

每个季节都有自己的颜色。春天是绿色的，树枝 发（lǜ sè）（shù zhī fā//）

芽了，小草 长² 出来了，小鸟 快乐地唱歌跳舞。夏天
是五颜六色³的，花 朵们 打扮⁴ 得漂漂亮亮的，好像要
参加 选⁵ 美比赛。秋天是 黄 色 的，树叶黄了，
庄 稼黄了，天气也变凉了。冬天是白色的，下雪
了，结⁶冰了，孩子们可以 堆⁷雪人、打雪 仗 了。

★动词＋出来/出去
大家把书拿出来。
你把这些东西拿出去。
你跑出来吧。
孩子们跑出去了。

会话 1

最喜欢的季节

杨老师：你们最喜欢哪个季节？

孙　克：我最喜欢秋天，不冷不热。

刘大伟：我最喜欢春天，我的生日在春天。

王佳丽：我最喜欢夏天。夏天有暑假，不用⁸上课。

杨老师：玉兰呢？

张玉兰：我最喜欢冬天，我还从来⁹没见过雪呢！

杨老师：很多同学没见过雪。冬天你们可以去北方旅行，看看雪、
　　　　滑滑 冰。

张玉兰：是啊，我准备今年春节就去！

会话 2

习惯不习惯

王佳丽：中国有四个季节，跟我们国家的气候不一样。

孙　克：法国也有四季。印尼没有吗？

王佳丽：印尼只有<ruby>旱季<rt>hàn jì</rt></ruby>和雨季。雨季雨水比较多。

孙　克：你习惯这里的气候吗？

王佳丽：还不太习惯。广州很潮湿[10]。

孙　克：对，特别是春天，经常下雨，衣服<ruby>晾<rt>liàng</rt></ruby>好几天都<ruby>干<rt>gān</rt></ruby>不了。

周老师：也许[11]住一<ruby>段<rt>duàn</rt></ruby>时间，你们就会习惯的。

能说会用

功能 1：安慰

1. 别担心，不会迟到的。
2. 手机坏了？没关系，再买一个。
3. 你是不是觉得中国菜油太多？习惯就好了。

☞练一练：
下列情况，怎么安慰朋友？
1. 朋友刚来广州，想家、没朋友、不习惯。
2. 朋友没找到工作。
3. 朋友失恋。

功能 2：抱怨

1. 这里租房子太贵了。
2. 广州的天气太热了。
3. 太吵了。
4. 这份工作太累了。

经典诵读

Chūn mián bù jué xiǎo　chù chù wén tí niǎo
春　眠　不　觉　晓，处　处　闻　啼　鸟。

Yè lái fēng yǔ shēng　huā luò zhī duō shǎo
夜　来　风　雨　声，花　落　知　多　少。

——唐·孟浩然《春晓》

练习

一、照例子，写一写

1. 从 __春__ 到 __冬__　从_____到_____　从_____到_____
   从_____到_____　从_____到_____

2. 不 __冷__ 不 __热__　不_____不_____　不_____不_____
   不_____不_____　不_____不_____

二、选词填空

> 打扮　堆　也许　部分　热　季节

1. 他姓金，_____是韩国人。

2. 春天是我最喜欢的_____。

3. 天气这么冷，喝点儿_____水吧。

4. 她很爱美，出门一定要先_____一下。

5. 我们班有一_____同学戴眼镜。

6. 她的桌子上_____了很多书。

也许　天气　可能　气候

1. 以后的生活_____很好_____不好，但是我们也要过得快乐。

2. 这不_____，他那么怕冷，不会冬天去北京的。

3. 现在还不到三点，银行怎么_____关门？

4. 明天他们要去旅行，不知道_____怎么样？

5. 这儿的_____真不好，一年四季常下雨。

三、用"出来""出去""进来""进去"填空

1. 老师：你的书呢？

   学生：在书包里。

   老师：快点儿拿_____。

2. 写完作业后，他跑_____玩了。

3. 门开着，飞_____一只小鸟。

4. 请问，有人吗？我可以_____吗？

5. 上课了，老师走_____了。

四、完成句子和对话

1. 暑假到了，_____。（不用）

2. 我_____。（从来）

3. A：你今天怎么来的？

   B：我_____。（是……的）

4. A：你最喜欢哪个季节？

   B：我呀，哪个季节都喜欢，_____。（特别）

5. A：志龙今天没来上课？

   B：_____。（也许）

6. 这儿气候真好，_____。（不……不……）

五、病句改错

1. 佳丽从来喜欢夏天，不喜欢冬天。

_____

2. 我吃饭了就去图书馆看书。

_____

3. 明天我去图书馆了。

_____

4. 我已经学过汉语一个年了。

_____

5. 除了下雨天，我每天都锻炼身体了。

_____

六、写一写每个季节你能想到的词语

例：春：____暖和____　　____发芽____　　____花____

　　夏：_____　　_____　　_____

　　秋：_____　　_____　　_____

　　冬：_____　　_____　　_____

七、根据下表填空

广州基本气候情况（据 1971—2000 年资料统计）

	1月	2月	3月	4月	5月	6月	7月	8月	9月	10月	11月	12月
极端最低温度（℃）	0.6	1.5	3.2	8.3	14.6	18.8	21.6	20.9	16.8	9.5	4.9	0.0
极端最高温度（℃）	27.2	28.6	32.1	32.4	36.2	36.6	38.1	38.0	37.2	34.8	32.5	29.4
降水天数（日）	7.5	11.2	15.0	16.3	18.3	18.2	15.9	16.8	12.5	7.1	5.5	4.9
平均风速（米/秒）	1.7	1.7	1.6	1.6	1.7	1.7	1.8	1.5	1.5	1.7	1.8	1.6

（续上表）

	1月	2月	3月	4月	5月	6月	7月	8月	9月	10月	11月	12月
平均降水量（毫米）	40.9	69.4	84.7	201.2	283.7	276.2	232.5	227.0	166.2	87.3	35.4	31.6
平均温度（℃）	13.6	14.5	17.9	22.1	25.5	37.6	28.6	28.4	27.1	24.2	19.6	15.3
平均最低温度（℃）	10.2	11.8	15.1	19.4	22.7	24.8	25.5	25.4	24.0	20.8	15.9	11.5
平均最高温度（℃）	18.3	18.6	21.4	25.7	29.3	31.5	32.8	32.7	31.4	28.7	24.5	20.6

广州冬天_____月最冷，平均气温是_____。夏天_____月最热，平均气温是_____。白天最高气温到过 38.1℃。广州下雨最多的月份是_____月，平均降水量是_____毫米；下雨最少的月份是_____，平均降水量是_____毫米。广州一年四季降水量都很多，所以气候比较_____。_____季是最好的旅游季节，天气不冷不热，很少下雨。

八、说一说，做一做

教师准备一些纸条，每张纸条上写一个句子。

1. 他走出教室来了。
2. 他走进教室去了。
3. 她走过来了。
4. 她走过去了。

活动1：请一位同学抽取一张纸条，根据句子做动作，然后请另一位同学根据动作说句子。

活动2：请一位同学抽取一张纸条，朗读句子，然后请另一位同学根据句子做动作。

九、写一写

模仿课文，写一写你们国家的四季。

第十四课
天气

课前热身

1. 图片中的衣服分别适合什么季节穿？
2. 广州的天气和你们国家的有什么不一样？

开心词典

阴¹　　　yīn　　　　　　形容词

　　例：阴天　天阴了

转²　　　zhuǎn　　　　　动词

　　例：阴转雨　转学　转车　转机

烦人³　　fánrén　　　　　形容词

　　例：又堵车了，真烦人。

晴⁴　　　qíng　　　　　　形容词

　　例：晴天　阴转晴　天晴了

讨厌[5]　　tǎo//yàn　　　　形容词、动词

　　例：潮湿的气候很讨厌。//我讨厌他。//我讨厌这里的天气。

看来[6]　　kànlái　　　　　动词

　　例：天阴了，看来要下雨了。

　　　　他八点才起床，看来又要迟到了。

差别[7]　　chābié　　　　　名词

　　例：很小的差别　　有差别

　　　　汉语和英语差别很大。

遇[8]　　　yù　　　　　　　动词

　　例：我去吃饭的时候，遇到一个朋友。

情况[9]　　qíngkuàng　　　名词

　　例：新的情况　　这种情况　　不一样的情况　　了解情况

汉字乐园

| tiào | | zhào |
| 跳 | 足 + | 兆 |

| pǎo | | bāo |
| 跑 | 足 + | 包 |

| lù | | gè |
| 路 | 足 + | 各 |

| míng | | yuè |
| 明 | 日 + | 月 |

| nuǎn | | yuán |
| 暖 | 日 + | 爰 |

| liàng | | jīng |
| 晾 | 日 + | 京 |

主课文

★忽……忽……

天气忽冷忽热，容易感冒。

灯忽明忽暗，可能坏了。

忽冷忽热的天气

　　周老师的朋友在北京工作，这两天要来广州出差。朋友打电话问周老师，广州天气怎么样，穿什么衣服合适。周老师告诉他，现在虽然是冬天，但忽冷忽热的，上星期穿棉(mián)衣，这两天穿衬衣(chèn yī)。最好冬天、夏

天的衣服都带上。朋友说，他打算先穿一件短^{xiù}袖 T 恤，再穿一件长袖衬衣，然后穿一件^{máo yī}毛衣，最后穿棉衣，这样一年四季的衣服都有了。

★ 先 …… 再 …… 然后……最后……

他先学汉字，再学生词，然后学课文，最后做练习。

我们先去了长沙旅行，再去了武汉，然后去了上海，最后到了北京。

会话 1

天气怎么样

陈思汉：思华，明天天气怎么样？

陈思华：天气预报（yùbào）说是阴[1]天，微风（wēifēng），最高气温（qì wēn）16 摄氏度，最低气温 10 摄氏度。

陈思汉：后天呢？

陈思华：阴转[2]多云（duōyún）。

陈思汉：大后天呢？

陈思华：阴转大雨。

陈思汉：怎么天天都是阴天，真烦人[3]！

陈思华：要到下周一才是晴[4]天。

陈思汉：真讨厌[5]！天天没太阳，我都快发霉（fā//méi）了。

会话 2

十二月的北方与南方

陈思华：周老师，现在是冬天吗？

周老师：是啊。

陈思华：广州这几天挺热的。昨天我打篮球的时候，还穿短袖呢！

周老师：你知道吗，北方的哈尔滨，现在的气温已经是零下二十摄氏度了。

陈思华：零下二十摄氏度有多冷？

周老师：衣服在外边晾几分钟就会结冰。

陈思华：看来[6]，中国北方与南方的气候差别[7]很大。

周老师：我朋友昨天从北京来广州，飞机起飞时开暖气，两小时后开冷气。

陈思华：真有意思，我还没遇[8]到过这种情况[9]呢！

能说会用

功能1：讨厌

1. 这么多蚊子，真讨厌。
2. 天天下雨，真烦人。

☞练一练：

有没有让你讨厌的季节、天气或者别的什么，说一说。

功能2：概括

1. 看来，汉语和英语很不一样。
2. 总的来说，住在学校里比较方便。
3. 我们班所有同学都很聪明。
4. 中国大部分地区有四个季节。

☞练一练：

介绍一下你们班的情况。

我们班有＿＿＿＿＿个同学，有＿＿＿＿＿人、＿＿＿＿＿人、＿＿＿＿＿人，

还有_____人，大部分同学都是_____。每个人都不一样，_____很漂亮，_____很聪明，_____很帅，_____很努力，_____经常迟到。不过，所有的同学都喜欢学汉语。

经典诵读

Shào xiǎo lí jiā lǎo dà huí　xiāng yīn wú gǎi bìn máo cuī
少 小 离 家 老 大 回，乡 音 无 改 鬓 毛 衰。

Ér tóng xiāng jiàn bù xiāng shí　xiào wèn kè cóng hé chù lái
儿 童 相 见 不 相 识，笑 问 客 从 何 处 来。

——唐·贺知章《回乡偶书》

练习

一、写反义词

例：他一直住在南方，从来没去过　北方　。

1. 他喜欢夏天，_____冬天。

2. 天阴了，要下雨了。
   天_____了，太阳出来了。

3. 夏天气温高，冬天气温_____。

4. 夏天太热，房间里经常开冷气。
   北方的冬天很冷，房间里都有_____。

5. 天气热了，不用穿长袖衣服了，可以穿_____衣服了。

6. 这件衣服很好看，那件衣服比较_____。

二、选词填空

转　袖　差别　冻　遇

1. 北京的气候和泰国的气候_____很大。

2. 天气预报说明天阴_____晴，太好了。

3. 他怕冷，已经穿长_____衬衣了。

4. 她在食堂_____到了大伟，就跟他一起吃饭了。

5. 鱼先放冰箱里_____一下，晚上再吃吧。

三、照例子，写一写

例：大　<u>　dà　</u>　　<u>　大学　</u>
　　　　<u>　dài　</u>　　<u>　大夫　</u>

1. 好 _____ _____　　2. 行 _____ _____

　　 _____ _____　　　　 _____ _____

3. 长 _____ _____　　4. 干 _____ _____

　　 _____ _____　　　　 _____ _____

5. 发 _____ _____　　6. 得 _____ _____

　　 _____ _____　　　　 _____ _____

四、完成句子

1. 快要考试了，你应该_____。（先……再……）

2. 下课以后，他_____

_____。（先……然后……最后……）

3. 放暑假以后，大伟打算_____

_____。（先……再……然后……最后……）

4. 这条路_____，很难走。（忽……忽……）

5. 他最近心情_____，有时候很高兴，有时候很不高兴。（忽……忽……）

6. 这天气_____的，先别洗棉衣了，可能过几天要穿。（忽……忽……）

五、用"看来"完成对话

1. A：丽珍最近很少去逛街。

　　B：_____。

2．A：孙克这个星期每天早上八点来教室早读。

　　B：_____。

3．A：天阴阴的。

　　B：_____。

4．A：昨天说好九点出发的，现在九点一刻了还没出发。

　　B：_____。

六、说一说

1．你来中国之前，有没有了解一下中国的季节天气？你是怎么了解的？这里的气候和你们国家的有什么不一样？

2．你的衣柜里都有什么衣服？你穿衣服的习惯和中国人穿衣服的习惯有什么不一样？

七、听一听天气预报，给同学们预报一下天气

　　据广州市气象台预测：预计今天上午上班高峰期，广州市中心城区晴转多云，气温28℃到31℃；广州市其他各区晴间多云，26℃到31℃，吹轻微的偏南风。（广州市气象台2016年6月24日6时45分发布）

第十五课

气候饮食

课前热身

1. 你吃过火锅吗？喜欢吃吗？
2. 你们国家有什么好喝的汤吗？

开心词典

口味[1]　　　kǒuwèi　　　　　　名词

　　例：每个人吃东西的口味不一样。//你喜欢吃什么口味的菜？

清淡[2]　　　qīngdàn　　　　　　形容词

　　例：口味清淡　清淡极了

　　　　我感冒了，想吃清淡一点儿的菜。

喜好[3]　　　xǐhào　　　　　　　名词

　　例：他有自己的喜好。

主意[4]　　zhǔ·yi　　　　　　名词

　　例：好主意　主意不错　想出一个主意

　　　　我有一个主意。

闻[5]　　wén　　　　　　　　动词

　　例：闻一下　闻闻

拍[6]　　pāi　　　　　　　　动词

　　例：拍照　拍电影

种[7]　　zhòng　　　　　　　动词

　　例：种花　种树

薄[8]　　báo　　　　　　　　形容词

　　例：这种纸很薄。//这件衣服很薄。

厚[9]　　hòu　　　　　　　　形容词

　　例：这本书很厚。//这件衣服很厚。

汉字乐园

chèn		cùn		kù		kù
衬	衤 +	寸		裤	衤 +	库

xiù		yóu		qún		jūn
袖	衤 +	由		裙	衤 +	君

bèi		pí		bǔ		·bo
被	衤 +	皮		补	衤 +	卜

主课文

吃火锅 (huǒguō)

　　星期六，赵老师请同学们去她家吃饭。她问大家

喜欢吃什么。志龙喜欢吃肉，玉兰喜欢吃 青菜 (qīng cài) 和

★既……又……

食堂的菜既好吃又便宜。

她既聪明又漂亮。

这件衣服既好看又便宜。

★什么……什么

孩子想要什么妈妈就买什么。

dòu·fu
豆腐，佳丽和家贝喜欢吃海鲜。赵老师又问大家喜欢什么口味[1]。丽珍喜欢吃清淡[2]的，玉兰喜欢吃辣的，

tián
孙克喜欢吃甜的，大伟喜欢吃酸的。大家的喜好[3]不一样，怎么办呢？赵老师想了想，有了主意[4]。现在天气比较冷，可以吃火锅，既暖和又热闹，喜欢什么就吃什么。

会话 1

liàng
广东靓汤

dòu
姨　妈：佳丽，最近你脸上老长痘痘，是不是学习太累了？

shàng//huǒ
王佳丽：可能有点儿上火。

bāo　　　　　qù//huǒ
姨　妈：我煲了冬瓜排骨汤，给你去火。

xiāngwèi
王佳丽：嗯，我闻[5]到香味了。现在可以喝吗？

jiǔ
姨　妈：还要等等。汤要煲久一点儿才好喝。

王佳丽：姨妈，除了冬瓜和排骨，汤里还放了什么？

zhōngyào
姨　妈：还放了点儿中药。

王佳丽：放中药？

shī
姨　妈：广州气候湿热，放中药进去可以去湿去热。

王佳丽：太好了，今天我要多喝几碗。

会话 2

北方水果和南方水果

林丽珍：老师，昨天我吃了一份水果沙拉，有的水果我不认识，您帮我
看看。

钱老师：哦，是吗？你还拍[6]了照片？

林丽珍：这是什么？

钱老师：这是桃子（táo·zi），北方水果。你们国家没有吧。

林丽珍：没有，我第一次吃。这个呢？

钱老师：这是杏（xìng），也是北方的，南方比较少。

林丽珍：南方可以种[7]这些水果吗？

钱老师：不太适合。北方水果皮（pí）薄[8]，南方水果皮厚[9]一些。

林丽珍：中国的水果真多呀！

钱老师：你们热带（rè dài）的水果也很好吃啊！

能说会用

功能 1：奇怪

1. 啊？冬瓜皮也能吃吗？
2. 他夏天穿毛衣，太奇怪了。

☞练一练：
说一说你来中国以后觉得奇怪的东西或事情。

功能 2：羡慕

1. 你的汉语说得这么好，我真羡慕你。

2. 你在广州有很多亲戚，太幸福了。

3. 这里买东西真方便啊！

☞练一练：

说一说你们班你最羡慕的人，不要说出名字，让大家猜猜是谁。

经典诵读

Rì dàn lì zhī sān bǎi kē　bù cí cháng zuò lǐng nán rén
日 啖 荔 枝 三 百 颗，不 辞 长 作 岭 南 人。

——北宋·苏轼《惠州一绝》

练习

一、写一写与眼睛、耳朵、嘴巴、鼻子有关的动作

眼睛：

耳朵：

嘴巴：

鼻子：

二、写一写哪些食物有下面的味道

_____很香　　　　　_____很甜

_____很酸　　　　　_____很苦

_____很辣　　　　　_____很咸

三、选词填空

香　湿　主意　厚　拍

1. 这本书很薄，那本书很_____。

2. 湘菜（湖南菜）又_____又辣，很好吃。

3. 用手机_____照片很方便。

4. 下雨了，他没带伞，全身都_____了。

5. 他想了半天，终于想出来一个_____。

四、用指定句式完成句子

（一）既……又……

1. 孙克的房间_____。

2. 广州的水果_____。

3. 佳丽汉语说得_____。

4. 我的妈妈_____。

5. 吃火锅_____。

（二）除了……还……

1. A：你去过哪些国家旅游？

   B：_____。

2. A：你喜欢什么运动？

   B：_____。

3. A：你们班哪些同学是印尼人？

   B：_____。

五、照例子，用指定句式回答问题

例：A：周末我们去哪儿玩？

　　B：你想去哪儿我们就去哪儿。（哪儿……哪儿……）

1. A：你什么时候来我家？

   B：_____。（什么……什么……）

2. A：苹果、华为、三星……这么多手机，买哪个好呢？

   B：_____。（哪个……哪个……）

3. A：我们怎么去上海？

   B：_____。（怎么……怎么……）

4．A：你想选谁当班长？

B：＿＿＿＿＿＿＿＿＿＿＿＿＿＿＿＿＿＿。（谁……谁……）

5．A：咱们点几个菜？

B：＿＿＿＿＿＿＿＿＿＿＿＿＿＿＿＿＿＿。（几个……几个……）

六、说一说

1．你喜欢什么口味？你最喜欢吃的中国菜是什么？

2．你们国家有哪些好吃的水果？

3．下图中的水果你都见过吗？吃过吗？喜欢吃哪些？

苹果	西瓜	葡萄	橙子
梨	草莓	桃	樱桃
杏	荔枝	香蕉	石榴

生词表

第一课

离	lí	感冒	gǎnmào
比较	bǐjiào	发烧	fā//shāo
看望	kànwàng	好久	hǎojiǔ
忘	wàng	挺	tǐng
别	bié	出差	chū//chāi
休息	xiū·xi	最近	zuìjìn
照顾	zhàogù	事情	shì·qing
请假	qǐng//jià	空	kòng

第二课

活泼	huó·pō	好看	hǎokàn
交	jiāo	寄	jì
泰国	Tàiguó	爬	pá
许多	xǔduō	呼吸	hūxī
印度尼西亚	Yìndùníxīyà	新鲜	xīn·xiān
法国	Fǎguó	空气	kōngqì
韩国	Hánguó	一举两得	yījǔ-liǎngdé
越南	Yuènán	搬	bān
老挝	Lǎowō	帮忙	bāng//máng
进步	jìnbù	换	huàn
逛	guàng	问题	wèntí
街	jiē	力气	lì·qi
口语	kǒuyǔ	完	wán
好像	hǎoxiàng		

第三课

长寿面	chángshòumiàn	热闹	rè·nao
生日	shēngrì	快乐	kuàilè
收	shōu	束	shù
蛋糕	dàngāo	花	huā
过	guò	祝	zhù
式	shì	朵	duǒ
告诉	gào·su	嘛	·ma
希望	xīwàng	帆船	fānchuán
晚会	wǎnhuì	一帆风顺	yīfān-fēngshùn
欢迎	huānyíng	属	shǔ
当然	dāngrán	羊	yáng
礼物	lǐwù		

第四课

中秋节	Zhōngqiū Jié	填	tián
月饼	yuè·bing	货	huò
准备	zhǔnbèi	服务	fúwù
盒	hé	免费	miǎn//fèi
圆	yuán	重要	zhòngyào
团聚	tuánjù	复习	fùxí
日子	rì·zi	再	zài
赏	shǎng	迟	chí
外地	wàidì	网站	wǎngzhàn
一定	yīdìng	庆祝	qìngzhù
快递	kuàidì	光棍	guānggùn
份	fèn	所有	suǒyǒu
地址	dìzhǐ	商品	shāngpǐn
大概	dàgài	折	zhé
到达	dàodá	抢购	qiǎnggòu

第五课

国庆节	Guóqìng Jié	套	tào
旅游	lǚyóu	厅	tīng
森林	sēnlín	啦	·la
提前	tíqián	标准间	biāozhǔnjiān
预订	yùdìng	间	jiān
酒店	jiǔdiàn	十分	shífēn
先	xiān	抱歉	bàoqiàn
附近	fùjìn	办法	bànfǎ
结果	jiéguǒ	试	shì
满	mǎn	饺子	jiǎo·zi
家庭	jiātíng	肠粉	chángfěn
旅馆	lǚguǎn	肉	ròu
最后	zuìhòu	白菜	báicài
终于	zhōngyú		

第六课

健身	jiànshēn	剪	jiǎn
戴	dài	还是	hái·shi
着	·zhe	发型	fàxíng
耳机	ěrjī	适合	shìhé
跑步机	pǎobùjī	肯定	kěndìng
跳	tiào	染	rǎn
健美操	jiànměicāo	流行	liúxíng
教练	jiàoliàn	理发	lǐfà
瑜伽	yújiā	短	duǎn
安静	ānjìng	酷	kù
地	·de	板寸	bǎncùn
心情	xīnqíng	要是	yào·shi
放松	fàngsōng	难看	nánkàn
烫发	tàngfà		

第七课

鞋子	xié·zi	控制	kòngzhì
其他	qítā	不然	bùrán
省	shěng	老	lǎo
麻烦	má·fan	打扫	dǎsǎo
双	shuāng	刚才	gāngcái
图片	túpiàn	不知不觉	bùzhī-bùjué
发现	fāxiàn	网恋	wǎngliàn
只好	zhǐhǎo	普通	pǔtōng
退	tuì	交友	jiāoyǒu
网络	wǎngluò	小心	xiǎoxīn
游戏	yóuxì	注意	zhù//yì
得	děi		

第八课

运动会	yùndònghuì	祝贺	zhùhè
比赛	bǐsài	偶像	ǒuxiàng
跳高	tiàogāo	哪里	nǎ·lǐ
跳远	tiàoyuǎn	不敢当	bùgǎndāng
铅球	qiānqiú	冠军	guànjūn
拔河	bá//hé	请客	qǐng//kè
匹	pǐ	国际	guójì
马	mǎ	美食	měishí
终点	zhōngdiǎn	举行	jǔxíng
喝彩	hè//cǎi	打算	dǎ·suàn
加油	jiā//yóu	黑椒牛排	hēijiāo niúpái
获得	huòdé	冬荫功	dōngyīngōng
名	míng	酸	suān
感到	gǎndào	辣	là

喔	ō	顿	dùn

第九课

电视	diànshì	香港	Xiānggǎng
体育	tǐyù	马来西亚	Mǎláixīyà
节目	jiémù	声音	shēngyīn
电视剧	diànshìjù	高	gāo
决定	juédìng	金	jīn
赢	yíng	温柔	wēnróu
太阳	tài·yáng	精彩	jīngcǎi
阳光	yángguāng	可惜	kěxī
光明	guāngmíng	羽毛球	yǔmáoqiú
明白	míng·bai	决赛	juésài
拿	ná	红	hóng
遥控器	yáokòngqì	部	bù
频道	píndào	主演	zhǔyǎn
歌手	gēshǒu	约	yuē

第十课

医院	yīyuàn	护士	hù·shi
看病	kàn//bìng	量	liáng
晕	yūn	体温	tǐwēn
嗓子	sǎng·zi	摄氏度	shèshìdù
疼	téng	医生	yīshēng
脸色	liǎnsè	开	kāi
生病	shēng//bìng	药	yào
挂号	guà//hào	按时	ànshí
然后	ránhòu	油腻	yóunì
内科	nèikē	食物	shíwù
诊室	zhěnshì	开始	kāishǐ

张	zhāng	低	dī
嘴	zuǐ	取	qǔ
检查	jiǎnchá	费	fèi
严重	yánzhòng	窗口	chuāngkǒu
打针	dǎ//zhēn	片	piàn
着凉	zháo//liáng		

第十一课

信用卡	xìnyòngkǎ	带	dài
挂失	guà//shī	身份证	shēnfènzhèng
钱包	qiánbāo	护照	hùzhào
丢	diū	号	hào
里面	lǐmiàn	表	biǎo
银行	yínháng	姓名	xìngmíng
丢失	diūshī	性别	xìngbié
卡	kǎ	国籍	guójí
办理	bànlǐ	出生	chūshēng
放心	fàng//xīn	日期	rìqī
马上	mǎshàng	证件	zhèngjiàn
总是	zǒngshì	类型	lèixíng
丢三落四	diūsān-làsì	号码	hàomǎ

第十二课

租	zū	餐馆	cānguǎn
房屋	fángwū	洗	xǐ
中介	zhōngjiè	电梯	diàntī
满意	mǎnyì	楼梯	lóutī
旧	jiù	卧室	wòshì
吵	chǎo	朝	cháo
公共汽车	gōnggòng qìchē	最好	zuìhǎo

冬	dōng	电器	diànqì
暖	nuǎn	电冰箱	diànbīngxiāng
夏	xià	洗衣机	xǐyījī
客厅	kètīng	阳台	yángtái
厨房	chúfáng	房租	fángzū
厕所	cèsuǒ	押金	yājīn
干净	gānjìng	考虑	kǎolǜ
除了	chú · le	答复	dá · fù
电视机	diànshìjī		

第十三课

部分	bù · fen	冰	bīng
地区	dìqū	堆	duī
季节	jìjié	雪人	xuěrén
绿色	lǜsè	打雪仗	dǎ xuězhàng
树枝	shùzhī	冷	lěng
发芽	fā//yá	热	rè
草	cǎo	暑假	shǔjià
长	zhǎng	不用	bùyòng
鸟	niǎo	从来	cónglái
五颜六色	wǔyán-liùsè	滑冰	huá//bīng
花朵	huāduǒ	气候	qìhòu
打扮	dǎ · ban	旱季	hànjì
选	xuǎn	潮湿	cháoshī
黄色	huángsè	晾	liàng
叶	yè	干	gān
庄稼	zhuāng · jia	也许	yěxǔ
雪	xuě	段	duàn
结	jié		

第十四课

棉	mián	晴	qíng
衬衣	chènyī	讨厌	tǎo//yàn
袖	xiù	发霉	fā//méi
恤	xù	哈尔滨	Hā'ěrbīn
毛衣	máoyī	零	líng
预报	yùbào	看来	kànlái
阴	yīn	差别	chābié
微风	wēifēng	起飞	qǐfēi
气温	qìwēn	暖气	nuǎnqì
转	zhuǎn	冷气	lěngqì
多云	duōyún	遇	yù
烦人	fánrén	情况	qíngkuàng

第十五课

火锅	huǒguō	闻	wén
青菜	qīngcài	香味	xiāngwèi
豆腐	dòu·fu	久	jiǔ
口味	kǒuwèi	中药	zhōngyào
清淡	qīngdàn	湿	shī
甜	tián	拍	pāi
喜好	xǐhào	桃子	táo·zi
主意	zhǔ·yi	杏	xìng
靓	liàng	种	zhòng
痘	dòu	皮	pí
上火	shàng//huǒ	薄	báo
煲	bāo	厚	hòu
去火	qù//huǒ	热带	rèdài